AF462038

Précis Historique

de

Sainte-Croix-aux-Mines

IMP. F. J. LANGE & Cie
Ste-Marie-aux-Mines.

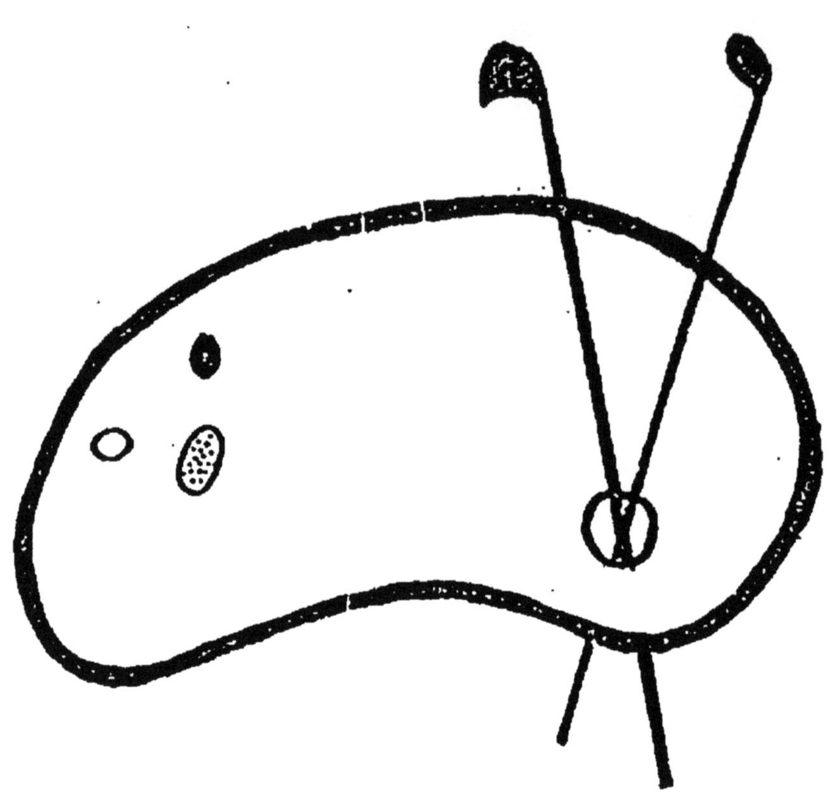

FIN D'UNE SERIE DE DOCUMENTS
EN COULEUR

. . . .

« Il convient tout à la fois de constater plus
« que jamais avec soin, et, si cela est possible
« même, de provoquer les travaux historiques.

. . . .

« Vous pouvez être assuré d'avance du pri
« que j'attache à ces travaux, parce qu'ils inté-
« ressent votre beau pays d'Alsace, si riche en
« monuments et en souvenirs. »

(Circulaire de M. le Préfet du Haut-Rhin 1859.)

AVANT-PROPOS.

M'inspirant de la pensée qui a présidé à l'envoi de cette circulaire, j'ai cru qu'il serait intéressant pour la population de Ste-Croix-aux-Mines de connaître exactement ou à peu près les faits qui concernent la commune, son origine, les mœurs et coutumes de ses habitants; enfin, ce qui a été fait ou projeté par les diverses administrations qui se sont succédé depuis l'institution régulière des municipalités, les principaux actes de chacun de MM. les syndics, maires, etc. Je ferai suivre les détails statistiques de notices historiques sur la fondation des institutions de bienfaisance.

Pour la rédaction de mon travail, j'ai été heureux de mettre à profit les renseignements tirés des documents anciens et nouveaux renfermés dans les archives de la Mairie. Aucun fait n'a été mentionné sans que préalablement l'exactitude en ait été vérifiée par un examen scrupuleux des pièces compulsées à leur égard, et par tous les moyens que l'amour de la sincérité pouvait me suggérer.

Ce qui précède ne veut pas dire cependant qu'il n'ait pu m'échapper des erreurs : une pareille prétention est d'ailleurs inadmissible pour un grand nombre de travaux de ce genre; c'est pourquoi j'ose espérer qu'on fera une juste part aux petites difficultés que j'ai eu à vaincre et qu'on jugera mon travail avec indulgence.

Sainte-Croix-aux-Mines, le 1er août 1866.

ALPHONSE JAEGER.

PRÉCIS HISTORIQUE

DE

SAINTE-CROIX-AUX-MINES

Aucun document historique à notre connaissance ne fait découvrir une date bien précise à laquelle on puisse exactement attacher l'origine de Sainte-Croix-aux-Mines; mais nous lisons dans le DICTIONNAIRE GÉOGRAGHIQUE DE L'ALSACE que la première preuve écrite de l'existence de SAINT-BLAISE est due à une charte de Thierry, duc de Lorraine, qui donna en 1078 les dîmes de Saint-Blaise au monastère de LIEPVRE.

Or donc, il est parfaitement établi que le hameau de Saint-Blaise existait en 1100, et que de tout temps une partie dépendait de Sainte-Croix-aux-Mines, ce qui autorise à croire que l'origine de cette commune remonte bien avant 1078.

D'un autre côté, on ne sait à quoi attribuer la dénomination de SAINTE-CROIX, et quelques personnes supposent, à tort ou à raison, qu'elle provient d'une petite croix en pierre élevée par la piété des premiers résidants au centre du bourg naissant. Aucun titre quelconque n'a permis de bien établir la véracité de cette assertion.

Quant à l'addition aux-Mines, aucun doute ne s'élève à cet égard, et il est très facile de prouver qu'elle provient des nombreuses mines d'argent et autres métaux exploitées aux cantons GRAMONT et HERRSCHAFT, longtemps avant 1100(1), sans tenir compte des mines de houille situées dans

(1) Suivant Schœpflin, l'exploitation des mines d'argent de la vallée de Sainte-Marie-aux-Mines remonte à l'année 963, et elle n'a cessé qu'à l'époque de la Révolution, où presque tous les travaux ont été interrompus. Le règne minéral consistait en siénitée, porphyre primitif, serpentine primitive, calcaire primitif, weisstein ou eurite, grès ou

la forêt communale dite HURY, découvertes en 1768, dans lesquelles de nouvelles recherches ont été faites :

En 1819, par M. LECLERC, de Strasbourg, concessionnaire des mines d'argent de Sainte-Marie-aux-Mines;

En 1824, par M. LARIGAUDELLE, de Paris;

En 1839, par M. le comte DE MONTMARIE, de Paris;

En 1843, par MM. LEON DE BROUQUENS, RENAUD DE SAINT-AMOUR, AUBRY et HUMBERT;

En 1848, par M. RENAUD DE SAINT-AMOUR, de Paris;

En 1857, par M. JACQUES DIETSCH, manufacturier de Sainte-Marie-aux-Mines;

En 1862, par M. ROITEL, manufacturier à Void (Meuse), ayant pour gérant M. RICHARD.

A côté des travaux de recherches dans ces diverses mines, on s'occupait en outre vers 1750 de la fabrication du charbon dans toute la forêt communale, où l'on découvre encore des emplacements noirâtres; il existe même un canton qui, à raison de son importance productive, a été appelé la CHARBONNIÈRE.

Quant aux ARMOIRIES de la ville de Sainte-Croix-aux-Mines, les indications locales ayant été souvent contradictoires, j'ai pris le parti d'en demander un croquis à M. l'administrateur général, directeur de la Bibliothèque impériale de Paris; et il résulte des recherches qu'il a faites dans l'ARMORIAL GÉNÉRAL DE FRANCE, que leur description héraldique est la suivante :

« VILLE DE SAINTE-CROIX-AUX-MINES.

« D'azur à une croix haussée fleuronnée, au pied fiché d'argent, et deux crosses d'or fustées d'argent posées en sautoir sur le pied de la croix ».

M. le directeur ajoute que ce sont les seuls renseignements que fournisse cet ouvrage, qui n'indique absolument rien sur l'origine et l'époque de concession de ces armoiries.

Un dénombrement fait le 17 janvier 1702 constatait l'existence de quarante ménages dans la commune, y compris

---

pierre de sable, granit graphique, baryte sulfatée, plomb sulfuré ou galène, plomb carbonaté, nickel arsénical amorphe, cuivre pyriteux, cuivre grès, argent, cuivre carbonaté bleu, cuivre carbonaté vert, zinc sulfuré, cobalt et arsénic natif (DICTIONNAIRE GÉOGRAPHIQUE DE L'ALSACE).

les fermes; ce qui pouvait donner une population de trois cents habitants, en admettant qu'il y eût en moyenne sept personnes par ménage.

Le recensement dressé en 1865, c'est-à-dire à un intervalle de plus d'un siècle et demi, porte à huit cent dix le nombre des ménages, et à trois mille six cent cinquante-quatre le chiffre de la population, en y comprenant les hameaux des GRAND-ROMBACH, PETIT-ROMBACH et une section de SAINT-BLAISE.

A l'entrée de la vallée du Grand-Rombach, sur la propriété de M. Aubry, se trouvait le château de ZUGMENTEL. Un mémoire d'apparence très-ancienne, sans date toutefois, porte :

« Sainte-Croix a quatre villages qui en dépendent : le « premier est STEINBACH; le deuxième, GRAND-ROM-« BACH; le troisième, PETIT-ROMBACH, et enfin LA « VRAIE-COTE et MONT-PLAISIR. Sainte-Croix est située « sur la rivière dite Leber, à six lieues de SAINT-DIEZ, « composée de deux cent douze habitants et bourgeois du « diocèse de STRASBOURG, paroisse dudit lieu. Le ROY « est seigneur, haut justicier, moyen Bar et foncier. Il y « a dans ladite communauté deux vieux châteaux : l'un est « situé audit Sainte-Croix, au nord du village, et le deu-« xième est situé au-dessus du village du Petit-Rombach, « sur un rocher extrêmement haut, au nord du même lieu; « lesquels en dépendent, avec certaines pièces d'héritage « situées dans le même lieu.

« Le fief de ZUGMENTEL est à présent réuni au domaine « de SA MAJESTÉ et de Messieurs de la PRIMATIALE DE « NANCY, etc. »

Le même mémoire rapporte que les habitants de Sainte-Croix-aux-Mines, de Lièpvre et de l'Allemand-Rombach étaient tenus de faire les CORVÉES nécessaires pour l'entretien et la réparation de ce château.

Après 1815, une partie des remparts se voyait encore au haut de la propriété de M. Aubry; tout le reste, enlevé vers 1820 par ce propriétaire, a été par lui-même converti en une charmante propriété.

Quant au château situé au PETIT-ROMBACH, aujourd'hui en ruines, il est actuellement connu sous la dénomination d'ESCHERY ou HAUT-ESCHERY. Anciennement on l'appelait le CHATEAU DE BELMONT. Sa construction remonte au treizième siècle, et il fut érigé par les NOBLES qui découvrirent les mines d'argent de la vallée.

Après l'extinction de la famille d'ESCHERY en 1381, la moitié de ce château passa à la famille de RIBEAUPIERRE, qui y établit le CHEF-LIEU DE SA SEIGNEURIE, et l'autre moitié, aux DUCS DE LORRAINE qui en investirent les HATTSTADT. La partie des RIBEAUPIERRE fut mise en 1507 sous la protection de la célèbre ABBAYE DE MURBACH, près de Guebwiller (Haut-Rhin).

La commune de Sainte-Croix-aux-Mines, quant à ses forêts, en est non pas seulement propriétaire de fait depuis un temps immémorial, mais principalement de droit, par lettres-patentes de S. A. R. LE DUC DE LORRAINE, en date des 15 décembre 1607, 28 mars 1619, 24 janvier 1687, 19 février et 17 mars 1792.

Les cantons désignés dans ces lettres comme propriétés communales, sont les suivants :

Bois-Roya, Ban-Bois, Berbuche, Chaurain, Creux-Chêne, Champgoutte, Grande-Côte, Goutte-de-la-Chapelle, Grange-Duclos, Grandmont, Goutte-Sainte-Barbe, Goutte-Martin, Hury, Harangoutte, Herschaff, Haute-Chevée, Jolie-Fontaine, Lanceux, La Basse-Grande-Claude, La Feigne, Le Bollé, Lamont, Marigoutte, Montagne-Saint-Guillaume, Miessette, Pierre-de-Lusse, Pré-du-Pâtre, Pré-George, Reim-du-Houff, Rougigoutte et Trajembach.

Aujourd'hui ces cantons sont autrement qualifiés, au moins pour la plupart; voici leurs noms :

Bois-Roya, Berbuche, Chaurain, Champgoutte, Chêne-Sus, Eauvattes, Envers, Froidegoutte, Grange-des-Clous, Goutte-Martin, Goutte-Saint-Blaise, Hollé, Herrschafft, Harengoutte, Hury, Lançoir, La Faine, Lamont, Lieu-Pierre, La Thimbach, Laide-Basse, Marigoutte, Marchal, Navégoutte, Pierre-de-Lusse, Pré-Maigrat, Petit-Banbois, Pré George, Rougigoutte, Saint-Michel, Sainte-Barbe, Sobache, Trachembach et Vraie-Côte.

Il importe d'y ajouter les cantons ruraux, savoir :

Baligoutte, Borne, Bougivall, Basse (la), Bouille (la), Châmont, Chaume-de-Lusse (la), Casino (au), Danigoutte, Faite, Goutte des Pommes (la), Grand-Sterpois, Grâmont, Hennon, Haut-Prés, Halles (les), Petites-Halles (aux), Jaboumont, Mon-Plaisir, Pré-du-Baron, Pré-Greville, Pré-de-Lune, Pré-Vareth, Pourasse (la), Surpense, Steinbach (la), Trajembach, Pré-le-Renard, Goutte-du-Prince (la) et Italaine (la).

Un grand nombre d'actes de propriétés sont égarés; ce fait est très regrettable à plusieurs points de vue. Il faut en attribuer les causes principales aux changements fréquents des administrateurs, qui, ignorant probablement que les archives d'une commune appartiennent avant tout aux habitants, pour qui elles sont des titres précieux et fort souvent des garanties sérieuses, s'en sont emparés et ne les ont jamais rendus.

Plusieurs titres, arrêtés, etc., etc, sont empreints d'un certain cachet de curiosité. C'est ainsi qu'une ordonnance royale du 25 février 1755 autorisait la délivrance à chaque habitant et ce **gratuitement**, de la quantité de SIX CORDES (24 stères) de bois par année, « pour leurs chauffages ordinaires ». Qu'on juge aujourd'hui de la différence des droits.

D'un autre côté, et ce qui était évidemment plus rationnel, les habitants propriétaires pouvaient obtenir, pour la réparation de leurs maisons, sauf devis préalable et affirmatif d'un charpentier, les bois et arbres nécessaires, qu'ils ne pouvaient vendre en aucun cas, sous peine d'amende et de confiscation. La même ordonnance qui instituait des emplois de forestiers, attribuait à ces fonctionnaires pour tout salaire un quart de l'amende prononcée à la suite de chaque rapport (procès-verbal) dressé pour délit commis dans la forêt communale.

Abordons maintenant le domaine de l'INDUSTRIE, cette branche importante de la richesse nationale.

Il n'existait dans la commune vers 1760 aucun établissement manufacturier, si ce n'est moulins, huilerie et battant d'écorces.

Il sera peut-être intéressant pour plusieurs de relater que le moulin du Petit-Rombach, qui aujourd'hui est la propriété du sieur Karicher, était alors communal, que celui qui était exploité à Ste-Croix-aux-Mines, pour la construction duquel les habitants, par une réquête du 20 janvier 1722, avaient demandé la vente de cinq mille cordes de bois de hêtre (24,000 stères) à prendre au canton La Faine, et dans lequel se trouvait l'huilerie, appartenait également à la commune, qui l'a vendu en 1813 à M. Chenavar, de Sainte-Marie-aux-Mines.

Ce moulin, ayant été acquis par M. Reber, puis par M. Frommel, appartient aujourd'hui à M. Diemer, qui continue l'exploitation du tissage mécanique introduit par M. Frommel.

Reste le battant d'écorces, qui était de même propriété communale. Ce petit établissement, que son peu d'importance a fait disparaître, était situé au bas de Ste-Croix-aux-Mines, à l'entrée du hameau de Müsloch.

La filature actuelle de MM. Schoubart et fils était vers 1780 la papeterie de M. Piquet, qui, à raison du peu d'avantages que lui offrait l'exploitation de cette industrie dans la vallée, vendit cet établissement en 1800 à M. de Collombel : celui-ci y continua pendant quelque temps encore la fabrication du papier et le convertit ensuite en atelier d'impression sur étoffes.

Nouvellement cédé en 1811 à MM. L'Huilier frères, de Sainte-Marie-aux-Mines, il ne tarda pas à devenir la propriété de MM. Schoubart et fils, qui l'utilisèrent en y créant l'importante filature de coton (14.000 broches) qu'on y voit aujourd'hui.

Mais à présent que la commune est pour ainsi dire entièrement changée de face, il s'est introduit dans ces derniers temps de nouvelles branches industrielles. C'est ainsi qu'on a vu construire à Saint-Blaise la grande manufacture de M. Degermann, et au Petit-Rombach, le tissage à bras de M. Bourgeois-Joly; à Sainte-Croix, la fonderie de fer de M. Ch. Glasser, architecte; l'atelier de construction mécanique de M. Léger-Vaucourt; les nouvelles scieries mécaniques de MM. Schoubart et Laurent; la teinture de M. Alfred Landmann, et une quantité considérable d'améliorations apportées successivement aux constructions de ce genre, sans omettre l'huilerie de M. Comaux, les tuileries de MM. Jacquemin et Ch. Fleurent, la brasserie de M. Schmutz, la scierie de M. R. Mathieu, la fabrique de chandelles de M. Umbdenstock, et enfin les moulins à blés de MM. Laurent et Karicher.

Que sera-ce maintenant que le chemin de fer a été établi ? Quelle prodigieuse impulsion n'est-on pas en droit d'attendre d'un moyen aussi rapide de communication ?

Je laisse à un avenir rapproché le soin de démontrer, mieux que je pourrais le faire, les avantages immenses qui en découleront pour notre vallée.

« Les chemins de fer, selon M. Tourneux, sont le grand « fait industriel de notre siècle : à leur établissement et à « leur exploitation se rattachent toutes les questions d'a- « venir et de progrès des nations modernes, et l'on ne se « trompe guère aujourd'hui en disant que le degré de civi- « lisation des peuples peut se mesurer au développement « de leurs voies ferrées ».

Voilà pour l'industrie : essayons maintenant de rapporter dans quelques lignes rapides les mœurs et coutumes de l'ancienne communauté.

On ne s'occupait guère dans l'antiquité des mœurs des habitants en particulier, et les quelques traités de morale légués au siècle présent ne renferment que des maximes sur la vertu, le devoir, et presque toujours au point de vue social exclusivement. Mais si les notables anciens ne nous ont pas laissé de documents sur leurs mœurs, par contre ils ont noté assez souvent dans leurs écrits l'influence qu'ils exerçaient dans les conseils de la commune.

Quels souvenirs, en effet, n'ont pas laissés à la génération actuelle les GERMAIN, les THIÉBAULT, les AUBRY, les METTEMBERG, les MARCHAL, les VALDEJO, les COLLOMBEL et tant d'autres administrateurs. Il faudra en dire un mot, afin de perpétuer, autant que possible, des noms qui ne doivent pas disparaître dans l'oubli.

Quant aux coutumes, elles étaient réglementées dans un édit des Etats généraux de 1586. Ce document formait un recueil que je n'ai pu découvrir et qui probablement a subi le sort d'un grand nombre d'autres pièces importantes. Cet édit et l'ancien manuscrit des coutumes du VAL DE LIEPVRE, du 18 juin 1675, ayant été tronqués par les libraires Thomas père et fils, de Nancy, dans un ouvrage publié en 1761, sans privilège ni permission, sous le titre : COUTUMES DU VAL DE LIEPVRE, SAINTE-CROIX ET SAINTE-MARIE, un arrêté du Parlement de Nancy, en date du 11 août 1781, ordonna « à tous les imprimeurs de « remettre à serment, au greffe de la cour, les exemplaires « dudit imprimé, leur faisant défense d'en débiter à « qui que ce soit, sous peine de poursuites ».

Ensuite fut rendu, en 1782, un édit du Roi, ordonnant la réunion à la PRÉVOTÉ de Sainte-Marie des villages composant le VAL DE LIEPVRE, que ce même édit plaçait sous la dépendance du BAILLIAGE DE SAINT-DIE (Vosges); puis vint la Révolution de 1789, qui mit fin à cette juridiction par une nouvelle organisation politique et administrative de la France.

Il est utile de retracer ici quelques-unes des coutumes de l'ancienne communauté.

Ainsi, l'usage encore existant en partie d'allumer des feux la veille de la Saint-Jean-Baptiste et le dimanche dit DES BRANDONS remonte bien avant 1700 : cette habitude dangereuse devint tellement fréquente, qu'un édit du

Parlement de Lorraine, du 14 juin 1780, les interdit sous les peines les plus sévères.

La visite des fours et cheminées par des agents à ce commis se faisait, dès 1765, dans toute l'étendue de la commune. Personne ne contestera l'utilité de cette importante opération, qui se continue encore aujourd'hui.

Nul propriétaire ne pouvait, avant l'arrêt du Parlement de 1779, faire des regains.

Chaque conscrit, lors du tirage au sort, recevait de la caisse municipale une indemnité de 75 centimes.

De 1757 à 1787, les biens communaux susceptibles de culture étaient partagés entre les habitants, sans aucune indemnité de location.

De 1725 à 1787, l'entretien de la route, actuellement route impériale, se faisait par corvées, auxquelles les bourgeois étaient astreints.

Enfin, les habitants étaient tenus dès 1699, envers S. A. LE GRAND-DUC DE LORRAINE, à des redevances et contributions qui n'ont été amorties que par ordonnances du roi STANISLAS des 13 août 1748 et 16 août 1754.

Ces deux titres, écrits sur parchemin d'un brillant format, sont revêtus de la signature autographe de cet excellent prince.

Avant de rapporter, ainsi que je l'ai dit, tout ce qui a été fait ou projeté par les administrateurs dans la commune, il m'a paru utile de faire figurer d'abord les noms des ANCIENS SYNDICS, de l'administration desquels je n'ai rien pu relever.

Les voici par ordre alphabétique :

MM. AUBRY (Nicolas), CUNIN (Claude), DUMOULIN aîné (Jacques), GONANT (Mathias), GRANDGEORGE (Joseph), GERMAIN (Jean-Baptiste), GERMAIN (Claude-Pierre), MARCHAL (Jean), MASSON (Joseph), MENGIN (Joseph), MATHIEU (Jean-Baptiste), PETITDIDIER (Jean-Baptiste), PETITDIDIER aîné (Dominique), PAIRIS (David), PAIRIS (Sébastien), ROUDOT (Pierre), URBAIN (Jean-Georges), VALDEJO (Claude-Pierre), VALET (Jean-Jacques).

Viennent ensuite les citoyens appelés successivement aux fonctions de MAIRE :

MM. MOZER (Mathias), de 1722 à 1737;
GERMAIN (François), de 1737 à 1751;
JEANDEL (Claude), de 1751 à 1760,
THIEBAULT (Jean-Baptiste), de 1760 à 1772;

MAINBOURG (Jean), de 1772 à 1776;
METTEMBERG aîné (Nicolas), de 1776 à 1795;
BOLFE (Antoine),
NICOLE (Jean-Baptiste), agents municipaux,
REPPLÉ (Jean-Baptiste), de 1795 à 1800;
THIEBAULT (Dominique),
MATHIEU (Jean-Baptiste), agents municipaux,
AUBRY (Nicolas), de 1795 à 1800;
DE COLLOMBEL (François Hippolyte), de 1800 à 1810;
METTEMBERG fils (Nicolas), de 1810 à 1818;
DUMOULIN fils (Jacques), de 1818 à 1819;
VAUCOURT (Georges), géomètre, de 1819 à 1821;
VAUCOURT (Jean-François) notaire, de 1821 à 1830;
SCHOUBART (Frédéric), de 1830 à 1835;
HENRY (Jean-Baptiste), de 1835 à 1840;
ADOLPHE (Jean), fabricant, de 1840 à 1842;
JAEGER (Alexandre-Jean-Georges), de 1842 à 1848;
AUBRY (Jean-Baptiste) père, de 1848 à 1854;
LANDMANN-LEDOUX (Sébastien), de 1854 à 1858;
HENRY (Jean-Baptiste), négociant, de 1858 à 1865.

Il est intéressant de rappeler ici les principaux actes administratifs de ces fonctionnaires durant une période de cent trente-trois ans (1722 à 1865).

ADMINISTRATION DE M. MOZER (Mathias).
(Maire, 1722 à 1737).

8 juin 1722. — Traité pour la construction du moulin (aujourd'hui tissage Diemer).

1724. — Création du bureau des pauvres, actuellement bureau de bienfaisance.

ADMINISTRATION DE M. GERMAIN (François).
(Maire, 1737 à 1751).

13 avril 1741. — Rédaction d'un procès-verbal qui fixe à vingt-huit pieds la largeur du torrent dit la LIEPVRETTE.

4 septembre 1741. — Vente de plusieurs cantons de chênes, dont le produit est destiné à faire face aux frais de construction d'un presbytère.

19 septembre 1751. — Refonte de l'une des cloches de l'église.

ADMINISTRATION DE M. JEANDEL (Claude).
(Maire, 1751 à 1760).

11 juillet 1753. — Rédaction d'un procès-verbal énumérant les terrains vagues et improductifs des divers cantons communaux.

1757. — Partage entre les habitants, sans aucune rétribution, de tous les biens communaux susceptibles de culture.

ADMINISTRATION DE M. THIEBAULT (J.-Baptiste).
(Maire, 1760 à 1772).

1762. — Procès entre la commune et le sieur Fonnel (Jean-Georges), maréchal-ferrant, au sujet d'une anticipation sur une ruelle communale.

1762. — Construction d'une nouvelle église paroissiale.

1765. — Procès entre la commune et la dame Barbe Germain, veuve Maire, au sujet d'une anticipation commise par cette dernière, sur le communal, pour agrandir sa ferme de Harangoutte.

1768. — Rédaction du procès-verbal d'abornement des forêts communales.

1771. — Adjudication des travaux de construction : 1° du pont à trois arches situé au bas de Sainte-Croix-aux-Mines (près la filature); 2° du pont situé près la chapelle Saint-Antoine au Petit-Rombach; 3° du pont situé en amont du moulin du sieur Karicher, au même lieu; 4° du pont situé près la maison du sieur Batot (Nicolas); 5° et du pont situé sur le ruisseau de la Goutte, au centre de la vallée du Grand-Rombach.

1772. — Exploitation des mines, charbons, etc.

ADMINISTRATION DE M. MAINBOURG (Jean).
(Maire, 1772 à 1776).

1772. — Adjudication des travaux de construction du pont à deux arches sur la place; de l'ancien mur de quai (démoli en 1863), et de réparation de la vanne du moulin de la communauté.

1774. — Procès entre la commune et les sieurs BERTRAND, de Danigoutte, au sujet de la propriété d'une partie de la forêt dite MARIGOUTTE. Ce procès, qui a duré neuf ans, s'est terminé par un jugement en faveur des sieurs BERTRAND.

12 novembre 1776. — Traité conclu avec M. PROEBSTEL, chaudronnier à Schlestadt, pour la fourniture de deux pompes à incendie.

5 et 16 août 1777. — Réception par experts des pompes à incendie livrées par M. Prœbstel. (Ce sont les deux plus anciennes pompes dont on se sert encore aujourd'hui).

ADMINISTRATION DE M. METTEMBERG aîné (Nicolas)
(Maire, 1776 à 1795).

Nota. A part les indications ci-après, cette administration s'est signalée par un grand nombre de particularités que j'ai jugé inutile d'enregistrer.

1777. — Réception des travaux exécutés pour la construction du pont de la filature.

1777. — Adjudication des travaux de construction du magasin des pompes à incendie, et des maisons d'école des hameaux des Grand et Petit-Rombach.

1779. — Réception des travaux de réparation exécutés à l'huilerie communale.

1783. — Location des terrains communaux.

29 août 1783. — Adjudication des travaux de réparation : 1° de la maison d'école de Sainte-Croix-aux-Mines; 2° du Hallier des pompes; 3° du pont près la papeterie; 4° et de l'église paroissiale.

1783. — Défense du parcours avec le bétail dans la forêt communale.

1783. — Décision portant que tous les terrains communaux non boisés seront cultivés.

1785. — Procès entre la commune et M. Noël, curé, au sujet du paiement d'un aide-instituteur.

1786. — Adjudication des travaux de réparation à exécuter au moulin du Petit-Rombach et à la maison du Grand-Rombach.

1789. — Requête des habitants contre les administrateurs de Sainte-Croix-aux-Mines et demandant le remplacement de M. Mettemberg, maire.

1789. — Etablissement d'une contribution patriotique.

28 février 1790. — Adresse des municipalités de Sainte-Croix-aux-Mines, Lièpvre et L'Allemand-Rombach, aux SEIGNEURS de l'Assemblée nationale, à l'occasion de la réunion de la communauté de Sainte-Marie-aux-Mines au département du Haut-Rhin.

1790. — Nomination du sieur VINCENT (Jean-Baptiste) comme instituteur au Grand-Rombach; du sieur VINCENT (Alexis), comme instituteur au Petit-Rombach. (Le conseil accorde au sieur Vincent un traitement annuel de quarante-deux livres, à la condition qu'il ne se mêlera aucunement, soit directement, soit indirectement, des affaires de la municipalité).

5 avril 1790. — Nomination de trois gardes forestiers, MM. BATOT (Pierre), PRUD'HOMME, THOMAS.

18 avril 1790. — D'un dénombrement dressé ce jour, il résulte qu'il existait à Sainte-Croix-aux-Mines trente familles absolument réduites à la mendicité, sur une population de deux mille soixante-quatorze habitants.

17 octobre 1790. — Demande de création d'une justice de paix.

31 octobre 1790. — La garde nationale nouvellement organisée sous le commandement de M. MEYER (Martin), capitaine, se rend à l'église pour assister à la bénédiction solennelle de son drapeau.

7 décembre 1790. — Election de M. METTEMBERG (Jean-Baptiste), comme JUGE DE PAIX du canton de Sainte-Croix-aux-Mines, composé des communes d'Aubure, Lièpvre et L'Allemand-Rombach.

19 décembre 1790. — Election de M. COLLOMBEL, comme PROCUREUR de la Commune.

9 octobre 1791. — Réparation de la flèche de l'église.

16 octobre 1791. — Agrandissement du cimetière.

14 novembre 1791. — Election de M. METTEMBERG, comme maire.

Même date. — Election de M. GERMAIN (François), comme PROCUREUR, en remplacement de M. de Collombel.

30 septembre 1792. — Demande d'un nouveau curé en remplacement de M. Schaal, émigré.

Même date. — Institution des gardes de nuit.

1er octobre 1792. — Mgr ARBOGAST, EVÊQUE DE COLMAR, nomme M. AUBERT, vicaire à Sainte-Marie-aux-Mines, curé à Sainte-Croix-aux-Mines, en remplacement de M. Schaal.

Même date. — Délibération du conseil des NOTABLES, qui alloue à M. le curé une somme annuelle de cent livres, à charge par lui de faire célébrer la première MESSE les dimanches et fêtes, et à la fin de chaque année une MESSE SOLENNELLE pour la conservation des biens de la terre.

20 octobre 1792. — Sur la demande de l'Assemblée nationale, il est fait inventaire de tous les vases d'argent possédés par l'église.

4 novembre 1792. — Abornement des limites des communautés de Sainte-Croix-aux-Mines et Sainte-Marie-aux-Mines.

11 novembre 1792. — Publication de la loi de l'Assemblée nationale, portant que : « Tout citoyen faisant partie de la garde nationale doit obéissance aux officiers commandants, sous peine d'arrestation ».

17 février 1793. — Le rôle des contributions foncières de l'année 1793 est arrêté à la somme de 14,379 frs 18 c.

2 mai 1793. — Le conseil des NOTABLES accorde à chaque conscrit, compris dans le contingent, une somme de....à leur payer en assignats.

28 avril 1793. — Délibération portant vote de la construction d'une nouvelle MAISON COMMUNE, et d'une PRISON pour la détention des criminels.

(Ce cachot fantastique qui se trouvait au Hallier encore existant des pompes à incendie, a été démoli en 1856, sous l'administration de M. Landmann, attendu que réellement il n'était plus en harmonie avec les habitudes beaucoup plus calmes des temps modernes.)

26 mai 1793. — Institution des BANGARDS (gardes champêtres).

30 mai 1793. — Nomination du sergent de police SADON, qui recevait à ce titre un traitement annuel de cent dix livres et une paire de souliers.

Même date. — Arrêté de l'administration, portant défense aux cabaretiers de donner à boire aux consommateurs plus d'une chope de vin, sous les peines les plus sévères...

ADMINISTRATION DE MM. BOLFE (Ant.), NICOLE (Jean-Baptiste), REPPLE (Jean-Baptiste), THIEBAULT (Dominique), MATHIEU (Jean-Baptiste) et AUBRY (Nicolas).

(Agents municipaux, du 21 avril 1795 au 10 juin 1800).

Nota. Cette administration survint au milieu de la tourmente révolutionnaire et fut de très courte durée.

1795. — Le traitement de chaque garde forestier est fixé à trois cents livres.

20 juillet 1795. — Le directoire nomme M. JAEGER père (Jean-Georges), organiste depuis 1788, instituteur des écoles de Sainte-Croix-aux-Mines, en remplacement de M. AUBRY (Nicolas).

ADMINISTRATION DE M. DE COLLOMBEL (Hippolyte).

(Maire, 1800 à 1810.)

Nota. Le 19 juin 1800, M. de Collombel fut installé dans les fonctions de maire par les administrateurs précédents. Homme supérieur et d'un haut mérite, ainsi que le démontrent les mémoires qu'il a laissés, M. de Collombel, dans toute la durée de sa carrière, qui a été de dix ans, n'eut jamais autre chose en vue que le bien moral et la prospérité matérielle de ses administrés.
Ancien officier distingué et d'origine nobiliaire, il savait, avec un rare bonheur, appliquer à ses actes cette saine discipline et cette bienveillante fermeté qui entretiennent les bonnes relations et préviennent les mésintelligences.

Voici les faits qui se sont passés sous son administration réparatrice :

26 septembre 1800. — M. SCHAAL, émigré, rentré dans sa patrie, est de nouveau nommé curé de Sainte-Croix-aux-Mines.

A l'arrivée de M. Schaal, la paroisse était déjà administrée par MM. les curés NOEL et PHILIPPE; mais il existait entre les habitants, quoique professant à l'envi le même culte, une divergence si profonde par leurs adhérences religieuses personnelles, que l'administration, pour éviter de graves conflits, dut prendre un arrêté ainsi conçu:

« Ceux qui suivent le culte des citoyens Noël et Philippe, « peuvent journellement se rendre à l'église de sept à neuf « heures du matin et de une à deux heures du soir.

« Ceux qui suivent le culte du citoyen Schaal, s'y rendront « de dix heures du matin à midi et de deux heures et de- « mie à trois heures et demie du soir ».

Cet usage, qui était de nature à entretenir la discorde, n'eut qu'une existence éphémère; il disparut peu de temps après son introduction, par suite de la retraite des curés Noël et Philippe.

M. Noël, qui lui-même avait desservi la paroisse de 1768 à 1788, et auquel on doit la fondation de la chapelle située au hameau de Saint-Blaise, mourut à Sainte-Croix-aux-Mines le 22 mars 1803.

10 octobre 1800. — Nomination de M. VINCENT (Jean-Baptiste), comme instituteur à Sainte-Croix-aux-Mines.

C'est sous cette administration qu'eut lieu l'installation du premier CONSEIL MUNICIPAL de la commune, dont les membres étaient nommés par le préfet.

En voici les noms :

MM. AUBRY (Pierre), VALDEJO (Pierre), BOLFE (Antoine), SAVOYEN (Idulphe), BERTRAND (Mathias), GERMAIN (Antoine), LEONARD aîné (Antoine), et SURMELY (Joseph).

3 janvier 1801. — Le conseil vote la construction d'un corps de garde.

30 août 1801. — Nomination comme gardes forestiers, des citoyens Villemin aîné (François). Conraux (Antoine) et Jardel (Georges).

15 avril 1802. — Vote solennel du PLEBISCITE déclarant NAPOLEON BONAPARTE consul à vie. — Votants, 293; pour, 293; contre, 0.

4 février 1803. — Installation de M. VALDEJO (Pierre), nommé adjoint au maire.

27 avril 1803. — Mgr SAURINE, évêque de Strasbourg, maintient M. Schaal, « sur lequel il lui avait été fait de très louables rapports », au poste de curé à Sainte-Croix-aux-Mines.

26 juin 1803. — M. VALDEJO (Pierre), adjoint au maire, est nommé percepteur et receveur municipal de la commune.

15 janvier 1804. — A cette date, 185 enfants sur une population de 2238 habitants fréquentent les écoles communales.

14 juin 1805. — M. de Collombel, maire, est élu capitaine de la garde nationale de Sainte-Croix-aux-Mines.

M. Aubry, ex-capitaine du 24e régiment d'infanterie en retraite, est élu chef de bataillon des gardes nationales de Sainte-Croix-aux-Mines, Lièpvre et L'Allemand-Rombach.

28 juillet 1805. — M. Valdéjo, adjoint, procède devant toutes les gardes nationales réunies à l'installation de MM. de Collombel et Aubry.

10 octobre 1805. — Le conseil municipal fixe le taux de la rétribution scolaire que chaque élève aura à payer par mois, ainsi qu'il suit : 1re classe, 1 fr.; 2e classe, 75 c.; 3e classe, 50 c.

23 février 1806. — L'enseignement des jeunes filles est retiré aux instituteurs et confié à une sœur de charité.

1808. — C'est en 1808 qu'ont été coulées, sur la place communale, les trois anciennes cloches de l'église, cédées en 1856 à M. Perrin (Martin), fondeur à Robécourt (Vosges), fournisseur des quatre nouvelles cloches actuelles.

Les trois cloches de la paroisse de la Madeleine à Sainte-Marie-aux-Mines ont également été fondues sur le même emplacement et à la même époque.

20 Juillet 1810. — Achèvement du plan cadastral commencé en 1806.

ADMINISTRATION DE M. METTEMBERG fils (Nicolas). (Maire, 1810 à 1818.)

Cette administration vit sévir l'invasion des alliés avec tous les désastres de la guerre; la commune de Sainte-Croix-aux-Mines et ses habitants en ont été douloureusement éprouvés.

L'administration de M. METTEMBERG eut à passer par des temps bien difficiles; il fallait alors faire appel à toutes les ressources, pour acquitter d'énormes frais de guerre, impérieusement commandés par le retour des armés étrangères sur le sol français.

Les habitants, épuisés par tant de contributions, n'étaient plus à même de répondre aux exigences de toutes sortes du moment, et c'est dans ces circonstances que M. Mettemberg du faire intervenir le concours de la caisse municipale, dans l'unique but de venir en aide à ses administrés.

Les souvenirs de la campagne de 1815 sont encore vivants dans la mémoire de beaucoup d'habitants; mais ce que plusieurs d'entre eux ignorent, c'est tout le dévouement des administrateurs de cette époque et des autres citoyens qui ont secondé M. Mettemberg dans ses fonctions.

Il m'est impossible de faire le tableau des souffrances endurées par nos pères; d'énumérer les nombreux attentats commis sur leurs personnes, leurs familles et leurs propriétés par la soldatesque étrangère, qui comptait dans ses nombreuses légions, des Russes, des Cosaques, des Bavarois, des Hongrois, des Prussiens, des Autrichiens, des Saxons, et que sais-je !

Quant aux frais de séjour et d'entretien des troupes des puissances alliées, qui se sont élevés tout près d'un DEMI-MILLION DE FRANCS, ils ont été noblement supportés par la commune et par ses habitants.

Enfin, c'est également sous cette administration qu'un grand nombre de terrains communaux furent aliénés au profit de l'Etat, en vertu de la loi de 1813.

En compensation de ce grand sacrifice, l'Etat paie à notre commune une RENTE ANNUELLE de 1092 frs.

28 novembre 1812. — L'enseignement des jeunes filles est confié aux sœurs de la Providence.

1815. — Nomination de M. JAEGER (Alexandre-Jean-Georges), aux fonctions de secrétaire-greffier de la mairie.

23 avril 1815. — Election du conseil municipal.

Furent élus MM. FINANCE, adjoint; VALDEJO, NICOLE, VAUCOURT, (Georges), PETITDIDIER, HENRY (Joseph), SAVOYEN, AUBRY, (Pierre), ROUDOT, PAIRIS, BATOT (Augustin) et JACQUEMIN (Jean-Baptiste).

6 mai 1817. — Le conseil décide que l'usufruit du pré situé au bas du village, lieu dit PAKI, qui devait être affecté à un cimetière, sera laissé en jouissance au curé de la paroisse.

ADMINISTRATION DE M. DUMOULIN (Jacques).

(Maire, 1818 à 1819).

1er juillet 1818. — Nomination de MM. VINCENT (Jean-Baptiste), instituteur à Sainte-Croix-aux-Mines; VILLEMAIN (Joseph), instituteur à Grand-Rombach; RIOTTE (Jean-Baptiste), instituteur à Petit-Rombach.

10 mars 1819. — M. le Préfet nomme conseillers municipaux : MM. VAUCOURT, notaire; RIOTTE, instituteur; MARCHAL (Joseph), et THIEBAULT (Dominique).

4 avril 1819. — Nomination de sept gardes-champêtres.

ADMINISTRATION DE M. VAUCOURT (Georges), GÉOMÈTRE.

(Maire, 1819 à 1821.)

1er juin 1819. — Arrêté portant interdiction de laver les linges dans les fontaines communales.

6 juin 1819. — Installation de M. NICOLE (Jean-Baptiste), nommé adjoint au maire.

30 septembre 1819. — Le conseil municipal décide la mise en assurance contre l'incendie de tous les bâtiments communaux.

8 décembre 1819. — Le conseil arrête que les travaux de réparation à faire aux chemins vicinaux feront l'objet d'une adjudication au rabais.

25 février 1820. — Le conseil municipal exprime, dans une adresse au Roi, ses sentiments de douleur, à l'occasion de l'assassinat de S. A. R. LE DUC DE BERRY.

9 juillet 1820. — La caisse municipale solde à M. Dieterlin, brasseur à Sainte-Marie, une somme de sept cent quatre-vingt-seize francs trente centimes, pour fourniture de bière aux troupes alliées.

3 décembre 1820. — Le conseil arrête le programme des fêtes à donner à Ste-Croix-aux-Mines, à l'occasion de la naissance de S. A. R. LE DUC DE BORDEAUX.

Février 1821. — Le conseil vote l'acquisition de la maison de M. Valdéjo, qui servait de caserne aux troupes alliées, et décide la vente de l'ancienne maison d'école.

Ainsi se résument les actes de cet administrateur; mais il est bon d'ajouter que M. VAUCOURT (Georges) était un géomètre savant, et qu'en cette qualité il a concouru largement à la levée du cadastre dressé en 1846, sous l'administration de M. Jaeger.

Il est de plus l'auteur d'un ouvrage très utile ayant pour titre : TABLES DONNANT LE CUBAGE DES BOIS.

ADMINISTRATION DE M. VAUCOURT (Jean-François), NOTAIRE.

(Maire, 1821 à 1830.)

13 septembre 1821. — Le conseil municipal retire à M. le curé de la paroisse la jouissance de l'usufruit du pré du PAKI, qui servait en 1815 de place d'exercices aux troupes alliées, et laisse provisoirement à sa disposition la partie de ce même pré sise vers la route impériale.

15 mai 1823. — Demande d'érection d'un VICARIAT à Sainte-Croix-aux-Mines et vote d'un traitement de trois cents francs en faveur du titulaire.

2 mars 1825. — Projet de reconstruction de la nef de l'église paroissiale.

12 mai 1826. — Adoption par le conseil du plan de la nouvelle église, dressé par M. Kuhlmann, architecte.

29 août 1827. — Création d'une garde communale.

1827. — Construction d'une nouvelle église. (La tour actuelle a été édifiée en 1762).

13 septembre 1827. — Nomination de M. Demange, instituteur à Sainte-Croix-aux-Mines, en remplacement de M. Vincent.

3 mars 1828. — Acquisition d'une pompe à incendie pour le Petit-Rombach.

16 février 1829. — Vente de l'orgue de l'ancienne église. (Cet orgue se trouve placé dans l'église de Saint-Louis à Sainte-Marie-aux-Mines.)

20 mars 1829. — La commune livre cent vingt-cinq arbres sapins pour la construction du nouveau bâtiment de l'église.

27 novembre 1829. — Agrandissement du cimetière.

10 septembre 1830. — Le conseil, sur la proposition de M. Vaucourt, maire, vote un crédit de trois-mille francs, destiné à couvrir les frais d'équipement de la garde nationale, circonstance obligée par les événements de la Révolution de 1830.

En résumé, on doit à M. Vaucourt (Jean-François) la construction de notre belle église, dont la dépense s'est élevée à plus de cent dix mille francs, et une administration sage et laborieuse.

Nous devons constater ici qu'un procès-verbal de la pose de la première pierre de l'église et quelques pièces d'argent ont été déposées dans le carreau, sur lequel on a gravé le millésime 1829.

ADMINISTRATION DE M. SCHOUBART (Frédéric), FILATEUR.
(Maire, 1830 à 1835.)

16 décembre 1830. — Nomination de M. Villemin fils (François), comme garde forestier, en remplacement de M. Villemin père.

1830. — Organisation définitive de la garde nationale.

23 octobre 1831. — Election du conseil municipal.

Furent élus MM. JACQUEMIN, PAIRIS, LAURENT (Jean-Baptiste), JEANDON, AUBRY (Jean-Baptiste), MASSON, JAEGER (Alexandre), BATOT (Augustin), PAIRIS (Pierre), DUMOULIN (Jean-Baptiste), GRANDGEORGES (Nicolas), HENRY (Joseph), MANGIN (Jean-Baptiste), PETREMENT (Jean-Baptiste), FINANCE, RIETTE, RICE, DIDIERJEAN (Nicolas), MATHIEU et HENRY aîné.

26 décembre 1831. — Nomination de M. Helsly (Jean-Baptiste-Léon), comme garde forestier (triage du Hury).

22 février 1832. — Nomination de M. Surmely (Michel), comme garde forestier (triage du Grand-Rombach).

1er août 1832. — M. Aubry (Jean-Baptiste), adjoint, moyennant une indemnité une fois payée de cent trente francs, cède à la commune de Sainte-Croix-aux-Mines le droit PERPETUEL de poser dans son pré situé derrière sa maison, près l'église, les tuyaux servant à la canalisation des eaux qui alimentent la grande fontaine.

2 septembre 1832. — Agrandissement de la salle d'école du Petit-Rombach.

1832. — Nomination de M. Eschenlauer (François-Joseph), comme instituteur principal à Ste-Croix-aux-Mines.

1833. — Construction d'une voûte sur le ruisseau du Grand-Rombach, le long de l'école communale.

4 mai 1834. — Etablissement d'un mur de clôture de la cour des écoles.

24 mai 1834. — Rédaction du procès-verbal de délimitation et d'abornement des forêts communales.

10 août 1834. — Acquisition d'une nouvelle horloge communale. (L'ancienne horloge se trouve placée dans la tour de l'église de Lièpvre.)

Même date. — Mise en assurance contre l'incendie de la nouvelle église paroissiale.

Ce fut sous cette administration active et éclairée qu'eut lieu l'écroulement de l'aile droite de l'église à peine construite, qui a coûté la vie à trois ouvriers et fait des blessures à plusieurs autres.

M. Schoubart a voulu que ce douloureux événement fut consigné dans un procès-verbal spécial qu'il a fait déposer dans l'un des quatre pilastres qui supportent la galerie de l'orgue.

ADMINISTRATION DE M. HENRY aîné (Jean-Baptiste).
(Maire, 1834 à 1840).

Ainsi qu'on en jugera par les données ci-après, l'administration de M. Henry n'a pas été stérile en projets importants.

24 mai 1835. — Nomination de M. Pétrement (Jean-Baptiste), instituteur au Petit-Rombach.

6 août 1835. — Le conseil décide qu'il n'y a plus lieu de maintenir l'église dans l'assurance contre l'incendie.

Protestation de M. Jaeger, conseiller municipal, contre l'imprévoyance d'une telle mesure.

1er juin 1836. — Projet de renouvellement du cadastre.

7 mai 1837. — Nomination de M. Simon (Jean-Baptiste), instituteur au Grand-Rombach.

11 juin 1837. — Célébration des fêtes données à Sainte-Croix-aux-Mines, à l'occasion du mariage de S. A. R. LE DUC D'ORLEANS.

6 juillet 1837. — Election de la deuxième moitié du conseil municipal.

Furent élus MM. RIETTE, MICLOT, PAIRIS, ADOLPHE (Jean), BATOT, DUMOULIN, GRANDGEORGES (Nicolas), MULLER (Samuel), officier de santé, et LAXENAIRE,

7 août 1837. — Projet de reconstruction du presbytère.

Même date. — Projet d'élargissement du pont (en face de la mairie).

7 novembre 1837. — Construction d'un mur de quai contre la place communale (Lièpvrette).

8 décembre 1838. — Acquisition au prix de 1200 francs d'une parcelle de terrain appartenant à M. Léger-Biehler, pour être annexée à la forêt communale dite LA FAINE.

1er décembre 1839. — Projet de construction des maisons d'école des Grand et Petit-Rombach.

18 juillet 1840. — Election de la première moitié du conseil municipal.

Furent élus MM. FINANCE, brasseur; PETREMENT, JAEGER (Alexandre), RIOTTE, BURCKNER, MATHIEU, DUMOULIN, VAUCOURT (Georges), PETITDIDIER (Dominique), LABADIE et VINCENT (Quirin).

ADMINISTRATION DE M. ADOLPHE (Jean), FABRICANT.

(Maire, 1840 à 1842.)

14 avril 1841. — Projet de construction d'une nouvelle maison d'école à Sainte-Croix-aux-Mines.

5 mai 1841. — Vente de l'ancienne maison d'école du Grand-Rombach.

4 juillet 1841. — Election de sept nouveaux membres du conseil municipal.

Ont été élus MM. VILLEMIN, RIETTE, LAXENAIRE, REBER, (Gustave), MATHIEU, LABADIE, PETITDIDIER et BEHR.

2 janvier 1842. — Acquisition au prix de 1000 francs d'une parcelle de terrain située à la Gaudine, appartenant au sieur Helsly (Chrétien), pour être annexée à la forêt communale.

9 janvier 1842. — Election de M. Henry (Jean-Quirin), conseiller municipal.

9 février 1842. — Institution d'un crieur de nuit.

Pendant cette administration, MM. Finance (Jean-Baptiste), Pétrement (Jean-Baptiste), adjoints, exercèrent successivement l'intérim : le premier, du 13 juin au 31 décembre 1841; le deuxième, du 2 janvier au 29 novembre 1842.

M. Alolphe était d'une aménité de caractère charmant et réfléchi, il semblait qu'il dût être administrateur plus longtemps; des événements que nous n'avons pas à signaler ici terminèrent cette carrière marquée par le plus beau début.

ADMINISTRATION DE M. JAEGER (Alexandre-Jean-Georges). (Maire, 1842 à 1848.)

Entré dans l'administration municipale en 1815, en qualité de greffier de la mairie, M. Jaeger devint conseiller municipal; puis il a été nommé maire, trois fois, par ordonnances royales des 28 novembre 1842, 18 octobre 1843 et 8 novembre 1846.

Ce fut le seul qui reçût des mains de M. le ministre de l'intérieur avis de sa nomination par une lettre ainsi conçue :

Paris, le 19 octobre 1843.

MONSIEUR JAEGER,

Par ordonnance du 18 de ce mois, le Roi, sur ma proposition, vous a nommé maire de Sainte-Croix-aux-Mines.

Je me félicite d'avoir à vous annoncer cette nomination, dont je viens de transmettre ampliation à M. le préfet du Haut-Rhin, en l'invitant à vous en délivrer copie et à faire procéder à votre installation.

Agréez, etc. LE MINISTRE DE L'INTÉRIEUR. E. DUCHATEL.

Puis enfin, une lettre de M. le préfet, dont voici la teneur :

Colmar, le 24 octobre 1843.

MONSIEUR JAEGER,

Par ordonnance en date du 18 octobre courant, le Roi vous a nommé maire de votre commune.

Il m'est bien agréable d'avoir à vous annoncer ce nouveau témoignage de la confiance de Sa Majesté.

Veuillez recevoir mes félicitations et compliments.

Agréez, etc.

LE PREFET DU HAUT-RHIN, BRET.

Pendant toute sa carrière d'administrateur, il se signala toujours par la droiture dans ses actes et par son éloignement de toute influence personnelle.

Relevant du pouvoir exécutif qui l'avait nommé, il n'usait de son autorité que pour la défense des intérêts qui lui avaient été confiés.

C'est sous sa direction que la maison d'école, l'une des plus belles du département (DICTIONNAIRE GÉOGRAPHIQUE DE L'ALSACE, page 99), et le presbytère actuel ont été construits, et que les magnifiques plans cadastral et d'abornement des chemins vicinaux et ruraux ont été dressés.

On doit aussi à son administration l'affranchissement de la rétribution scolaire dans toutes les écoles communales.

Enfin, vinrent les événements de la Révolution de 1848 qui mirent fin à un mandat qu'il avait toujours rempli avec dévouement.

M. Jaeger est ancien militaire du premier Empire et décoré à ce titre de la médaille de Sainte-Hélène.

8 décembre 1842. — Installation de M. Jaeger, maire, et de M. Petitdidier (Dominique), adjoint.

2 février 1843. — Réorganisation de la vaccine.

19 mars 1843. — Adoption du projet de construction d'une nouvelle maison d'école avec mairie.

2 avril 1843. — Vote d'un secours pécunier en faveur des victimes du tremblement de terre de la Guadeloupe.

8 mai 1843. — Mise en assurance contre l'incendie de tous les bâtiments communaux.

Même date. — Location des salles de MM. Burckner et Frehlig, pour y tenir les écoles des deux sexes pendant la construction de la nouvelle école.

Même date. — Badigeonnage et réparation de l'église.

15 mai 1843. — Rédaction de l'inventaire général de la mairie (MM. Bauer).

21 juillet 1843. — Election du conseil municipal (première moitié).

Furent élus MM. VILLEMIN, RIETTE, HENRY (Quirin), PAIRIS, LEONARD, MATHIEU, REBER, GRANDGEORGES, MICLOT, HUMBERT, SERTELET et VALTENAIRE.

4 août 1843. — Abornement général des chemins vicinaux et ruraux.

2 février 1844. — Projet d'acquisition de 22 hectares 78 ares 40 centiares de forêt, sise au canton Saint-Pierremont. (Ce projet n'a pu être réalisé, par le motif que la vente qui devait se faire de cette forêt n'a pas eu lieu, les propriétaires l'ayant conservée).

8 mars 1844. — Affranchissement de la rétribution scolaire dans toutes les écoles communales.

21 avril 1844. — Acquisition au prix de 4600 frs de la maison des sieurs Laurent (André) et Prevot, dans le but de pouvoir établir la cour des écoles.

27 mai 1844. — Pose de la première pierre du nouveau bâtiment des écoles. (Dans cette pierre, qui forme l'angle du bâtiment donnant vers la route, il a été déposé un procès-verbal; architecte, M. Bleicher, de Colmar; entrepreneur, M. Geyelin, de Mulhouse.

La dépense de cette construction s'est élevée à 48.800 frs.

11 août 1844. — Acquisition de la cloche de l'école (200 frs).

15 décembre 1844. — Aménagement des taillis.

4 mars 1845. — Adoption du projet de reconstruction du presbytère.

On reprochera, tant que la chose existera, à une grande partie du conseil municipal de cette époque, de n'avoir pas consenti au projet qu'avait M. Jaeger d'élever le nouveau presbytère près de l'église, pour agrandir la place publique, qui serait actuellement une des plus belles que l'on pût offrir à l'agrément des habitants.

7 novembre 1845. — La commune contribue pour moitié (3531 frs 92 c.), dans les frais de construction d'un pont à Saint-Blaise.

1845. — Construction d'un nouveau presbytère (dépense, 22,375 frs 42 c.).

1845. — Renouvellement du cadastre. (La dépense de cette opération s'est élevée à 6072 frs 68 c., qui a été payée moitié par l'Etat et moitié par la commune.)

7 août 1846. — Election de douze membres du conseil municipal.

Furent élus MM. SURMELY, LABADIE, DUMOULIN, PÉTREMENT, BEHR, LAXENAIRE, PETITDIDIER, VISSE, THIEBAUT, JACQUEMIN, LAURENT, MICHEL et CLAUDOT.

16 septembre 1849. — Construction d'un chemin d'exploitation au Hury.

11 novembre 1846. — Vente au prix de 1500 frs d'une parcelle de terrain située au PAKY, à M. Schoubart.

8 novembre 1846. — Nomination de M. Laurent (Michel ✻), adjoint au maire.

11 novembre 1846. — Fixation des prix de concessions de terrain au cimetière pour sépultures privées, ainsi qu'il suit :

Place temporaire non renouvelable (cinq ans), 4 frs le mètre; place trentenaire renouvelable, 8 frs; place perpétuelle, 25 frs. La place comporte une superficie de 2 mètres carrés. Les droits de timbre et d'enregistrement de l'acte de possession se paient en sus.

10 février 1847. — Suppression de la mendicité et organisation des comités de secours.

8 mai 1848. — Formation d'une compagnie de sapeurs-pompiers; capitaine commandant, M. BURCKNER; lieutenant, M. CLAUDOT; sous-lieutenant, M. MEYER.

ADMINISTRATION DE M. AUBRY (Jean-Baptiste).
(Maire, 1848 à 1854.)

L'Administration de M. Aubry ne signale ni projets ni travaux importants. Ce sage administrateur se contenta de bien gérer les intérêts qui lui étaient confiés et de n'exécuter que ce qu'il croyait absolument indispensable.

10 septembre 1848. — Election intégrale du conseil municipal.

Furent élus MM. PAIRIS, LAURENT, (Michel), MICHEL, JAEGER (Alexandre), BAJO, RICE, LABADIE, LEONARD, ROUDOT, SURMELY, HERLÉ père, GEORGE, DUMOULIN, RIETTE, AUBRY, MARCHAL, (Nicolas), GRANDGEORGES (Nicolas), VALTENAIRE (Jean-Baptiste), DUMOULIN, ANCEL (Nicolas), JACQUEMIN (Joseph), HENRY aîné et THIEBAULT.

25 mars 1850. — Le conseil municipal, appelé à faire le choix d'un nouvel instituteur, se prononce, à une majorité de 11 voix contre 9, en faveur des FRERES DE LA SOCIÉTÉ DE MARIE.

30 mai 1850. — Le conseil décide qu'il y a lieu d'autoriser M. Bertrand (Jean-Baptiste), propriétaire, à construire une ferme près de la forêt communale dite MARIGOUTTE.

7 juillet 1851. — Le conseil municipal décide la construction, par voie d'économie, des murs de clôture qui longent et entourent les jardins du presbytère.

7 août 1852. — Installation de MM. Labadie (Pierre) et Jacquemin (Pierre), nommés adjoints au maire.

26 septembre 1852. — Renouvellement du conseil municipal.

Furent élus MM. PAIRIS, GRANDGEORGES, AUBRY, maire; RIETTE, DUMOULIN, MICLOT, LABADIE, MARCHAL (Nicolas), JAEGER (Alexandre), LEONARD, MICHEL, BAJO, RICE, JACQUEMIN, HENRY, SURMELY, ROUDOT, VALTENAIRE, DUMOULIN (Antoine), HERLÉ père, LAURENT (Charles), BEHR et VILLEMIN.

Même date. — Vote d'un secours de 300 frs en faveur des victimes des inondations du Rhin et de l'Ill.

21 et 22 novembre 1852. — Vote solennel du PLEBISCITE du 7 novembre 1852, rétablissant la DIGNITÉ IMPÉRIALE, dans la personne de Son Altesse le Prince LOUIS-NAPOLEON BONAPARTE; pour, 792; bulletins blancs, 11.

Novembre 1852. — Nomination de M. Gerber (Aloïse), instituteur à Sainte-Croix-aux-Mines, en remplacement de M. Guenin.

6 mai 1853. — Demande d'aménagement de la Haute-Futaie.

1853. — Nomination de M. Drouant, instituteur, en remplacement de M. Gerber.

8 septembre 1853.— Alignement de la section LES HALLES.

1853. — Nomination de M. Deloy (Jean-Baptiste), directeur des écoles des Frères, en remplacement de M. Drouant.

5 février 1854. — Le conseil municipal décide qu'il y a lieu d'autoriser M. Gasperment à construire une ferme près de la forêt communale dite GOUTTE-MARTIN.

9 mai 1854. — Le conseil municipal, sur la proposition de M. le curé Tulon, décide que la Congrégation des Frères du Willerhof sera substituée à celle des Frères de la Société de Marie, pour la direction des écoles de Sainte-Croix-aux-Mines.

Cette disposition constitue le dernier acte de l'administration de M. Aubry.

Son successeur, M. Landmann, n'ayant pas partagé les vues de M. Tulon, ce projet de changement fut complètement abandonné.

ADMINISTRATION
DE M. LANDMANN-LEDOUX (Sébastien).
(Maire, 1854 à 1858.)

8 juin 1854. — Installation de M. Landmann, maire, et de MM. Ancel (Nicolas) et Henry (Jean-Baptiste), adjoints.

5 août 1855. — Election intégrale du conseil municipal.

Furent élus MM. JACQUEMIN (Joseph), PAIRIS, SURMELY, LAURENT, (Charles), RICE, LANDMANN, maire; MARCHAL (Nicolas), HENRY aîné; SCHMUTZ, HENRY, adjoint; LABADIE, MULLER, médecin; VALTENAIRE (Simon), DUMOULIN père (Jean-Baptiste), ANCEL, adjoint; HERLÉ fils, DUMOULIN (Nicolas), CLAUDOT, METTEMBERG (Jean-Baptiste), PAIRIS (Jean-Claude), DUMOU-

LIN (Charles), GRANDGEORGES (Jean-Baptiste) et BEHR.

15 août 1855. — Le conseil arrête ainsi qu'il suit la taxe municipale sur les chiens : Première catégorie : chiens d'agrément ou servant à la chasse, 6 frs; deuxième catégorie : chiens de garde, 1 fr. 50 c.

16 septembre 1855. — Célébration des fêtes données à l'occasion de la prise de Sébastopol (Guerre de Crimée).

25 octobre 1855. — Etablissement d'une fontaine communale devant la maison de dame Mathis, veuve.

Même date. — Le conseil municipal autorise l'admission dans les écoles communales des enfants âgés de trois ans.

16 mars 1856. — Annonce de la naissance de S. A. I. NAPOLEON (Eugène-Louis-Jean-Joseph), PRINCE IMPERIAL.

8 mai 1856. — Construction d'une fontaine monumentale dans la rue de l'Eglise.

Construction de deux autres fontaines communales, sur la place et derrière l'église.

11 juin 1856. — Célébration des fêtes données à l'occasion de la naissance de S. A. I. LE PRINCE IMPERIAL.

4 août 1856. — Equipement à neuf d'une partie de la compagnie des sapeurs-pompiers.

7 novembre 1856. — Etablissement de rigoles pavées au centre de la commune.

Nomination de trois cantonniers, chargés de l'entretien des chemins vicinaux.

7 novembre 1856. — Le conseil municipal, sur le désir manifesté par M. Tulon, curé, vote l'acquisition de quatre nouvelles cloches de l'église paroissiale, destinées à remplacer celles fondues en 1808, à Sainte-Croix-aux-Mines même, et qu'on regrettera toujours.

Il est utile de donner quelques détails sur cette circonstance.

Le scrutin secret ayant été demandé par le conseil sur cette question, il en est résulté que les voix se sont partagées dans ce sens, que, si M. Landmann qui n'avait pas pris part au vote et qui avait, comme maire, voix prépondérante en cas de partage, ne s'était pas prononcé pour l'acquisition de quatre cloches, rien de semblable n'eut été décidé.

Dans tous les cas, il eût beaucoup mieux valu, ce nous semble, faire refondre la cloche fêlée et conserver l'ancienne sonnerie; chacun reconnait par expérience que la sonnerie actuelle laisse à désirer, sauf cependant (ici il faut être juste) la grande cloche qui, malgré le tort de l'avoir fait buriner, a néanmoins conservé un ton grave et majestueux.

Les anciennes cloches ont été cédées à M. Perrin, fondeur, à Robécourt (Vosges), au prix de 6750 frs.

Les quatre nouvelles cloches ont coûté 11, 100 frs et les dépenses occasionnées par leur installation se sont élevées à plus de 1000 frs.

Voici le poids exact des cloches:

	nouvelles	anciennes
La grande	1485k,500	985k
La moyenne	710	715
La petite	426	509
La deuxième petite	179	néant

11 mai 1857. — Le conseil municipal vote pour l'établissement de nouveaux chemins en forêt, 3000 frs; pour l'amélioration des chemins vicinaux, 4.500 frs; pour aménagement de la forêt, 600 frs; pour frais de construction d'un hangar à l'école du Petit-Rombach 3000 frs; et pour l'établissement d'un pont en pierres au fond de la Vraie-Côte, 1600 frs. Tous ces travaux, sauf ceux d'aménagement, ont été exécutés.

3 août 1857. — Le conseil municipal sollicite la création d'un MARCHÉ HEBDOMADAIRE à Sainte-Croix-aux-Mines, qui a été autorisé à être tenu le jeudi de chaque semaine, par arrêté préfectoral du 6 octobre 1858.

5 novembre 1857. — Mise en assurance contre l'incendie (LA GÉNÉRALE) du bâtiment et du mobilier de l'église.

Acquisition de haches aux sapeurs-pompiers.

4 février 1858. — Projet de construction d'une salle d'asile, d'agrandissement de la mairie et d'établissement d'un lavoir public.

10 mars 1858. — Acquisition au prix de 6900 frs de la maison des héritiers de feu M. Petitdidier, pour pouvoir donner suite à l'agrandissement de la mairie.

17 mars 1858. — Acquistion au prix de 7100 frs de la ferme du sieur Gasperment, à la Vraie-Côte, pour servir de maison forestière.

Mars 1858. — Distribution solennelle faite par M. le maire, délégué, des MÉDAILLES DE SAINTE-HÉLÈNE, aux anciens militaires du premier Empire.

MM. ANDRÉ (Jean-Antoine), de Sainte-Croix-aux-Mines; BAJO (Joseph), de Sainte-Croix-aux-Mines; BURCKNER (Marie-Joseph), de Strasbourg; DUMOULIN (Jean-Bapliste), de Sainte-Croix-aux-Mines; FREHLIG (Ignace), de Schlestadt; GRANDGEORGES (Nicolas), de Sainte-Croix-aux-Mines; HENRY (Joseph), appariteur, de Sainte-Croix-aux-Mines; HERMENT (Nicolas-François), de Sainte-Croix-aux-Mines; HERMENT (Nicolas), de Sainte-Croix-aux-Mines; HERMENT (Jean-Baptiste), de Ste-Croix-aux-Mines; HECKLY (Mathieu), de Zellenberg (Haut-Rhin); HOUSSEMAND (François), de Lusse (Vosges); JAEGER (Alexandre-Jean-Georges), greffier, de Sainte-Croix-aux-Mines; JOHEL (Nicolas), de Sainte-Croix-aux-Mines; MASSON aîné (Joseph), de Sainte-Croix-aux-Mines; PIERRAT (Joseph), de Sainte-Croix-aux-Mines; REPPLÉ (Jean-Baptiste), de Sainte-Croix-aux-Mines; VALENTIN (Jean-Baptiste), du Bonhomme; WENDLING (Georges), de Ribeauvillé.

5 août 1858. — Le conseil municipal vote un traitement de 1000 frs, en faveur du médecin qui prendra sa résidence à Sainte-Croix-aux-Mines.

Ainsi se résument les actes de cette administration.

M. Landmann ayant donné sa démission de maire, le conseil municipal témoigna ses regrets de cette détermination dans une délibération que nous reproduisons ci-après textuellement.

SÉANCE DU 5 AOUT 1858.

Présents : MM. Henry, adjoint faisant fonctions de maire; Jacquemin, Surmely, Laurent, Rice, Marchal, Schmutz, Labadie, Dumoulin (Jean-Baptiste), Ancel, Herlé, Dumoulin (Nicolas), Claudot, Mettemberg, Pairis et Behr.

M. ANCEL, membre. — Messieurs, j'ai l'honneur de vous proposer de voter des remerciements à M. Landmann, maire démissionnaire, pour la manière ferme, intelligente, loyale et désintéressée, avec laquelle il a géré les intérêts de la commune, pendant qu'il était à la tête de l'administration, et de lui témoigner toute notre gratitude pour la parfaite convenance avec laquelle il a présidé les séances du conseil, presque toujours unanime à adopter ses propositions.

LE CONSEIL MUNICIPAL,

S'associant de cœur et d'âme au désir manifesté par M. Ancel, vote spontanément et à l'unanimité les plus sincères remerciements à M. Landmann, lui témoigne les plus vifs regrets de ce que des motifs de haute convenance qu'il apprécie, ne lui ont plus permis de rester à la tête de l'administration qu'il a si habilement dirigée : Emet le vœu que M. Landmann voudra bien du moins continuer à siéger au conseil dont il fait heureusement partie et à lui prêter toujours son précieux concours. (Suivent les signatures).

A ces considérations si fidèlement et si justement exposées, nous n'ajouterons qu'un mot, à savoir, que M. Landmann a été, on peut le dire, un de nos administrateurs qui ont pris le plus à cœur les intérêts de la commune : il a toujours su la représenter d'une manière à la fois habile et distinguée.

Sa retraite a été une affliction réelle pour Sainte-Croix-aux-Mines et pour ses administrés, qui se rappelleront de longtemps les heureux souvenirs qu'il leur a laissés.

Ces quelques réflexions ne font que rendre un légitime hommage à son dévouement.

ADMINISTRATION DE M. HENRY (Jean-Baptiste), NEGOCIANT.

(Maire, 1858 à 1865.)

A la retraite de M. Landmann, M. Henry, l'un de ses adjoints, fut présenté au choix du gouvernement qui l'appela aux fonctions de maire par deux décrets impériaux des 1er octobre 1858 et 14 juillet 1860.

Les huit années de sa participation directe aux affaires lui ont permis de mettre à exécution une partie notable des projets formés sous l'administration précédente, et il lui a été donné de faire concourir notre commune à l'établissement du chemin de fer de Sainte-Marie-aux-Mines à Schlestadt.

Mais comme il arrive souvent, tout ne va pas pour le mieux dans le meilleur des mondes, et M. Henry, durant sa carrière qui embrasse une série de onze années, eut à traverser bien des orages, qu'il s'était suscités par la trop grande franchise de son caractère.

Son administration n'en aura pas été moins importante en améliorations.

Enfin le 4 août 1865, M. Henry donna sa démission.

17 octobre 1858. — Installation de M. Henry, maire, et de M. Schmutz (Louis-Théodore), adjoint.

10 janvier 1859. — Acquisition au prix de 1202 frs 13 c. de 3 ares 80 centiares de jardin, appartenant à dame Vaucourt veuve, pour pouvoir construire une salle d'asile.

Même date. — Le conseil municipal décide qu'il y a lieu d'approuver les statuts de la Société de secours mutuels dite des SAPEURS-POMPIERS.

Même date. — Le conseil municipal rejette à l'unanimité la demande formée par les sieurs Pairis, Georges, et consorts, dans le but d'obtenir la suppression du sentier communal dit DE SOBACHE.

Même date. — Rejet de la demande d'érection d'une école protestante au hameau de Saint-Blaise, formée par les pasteurs Gros et Goguel, de Sainte-Marie-aux-Mines.

4 mai 1859. — Le conseil municipal décide la suppression du sentier communal dit DE LA TUILERIE. (La commune et le sieur Jacquemin, tuilier, pourront toutefois s'en servir pour leurs besoins. Arrêté préfectoral du 26 août 1859.)

12 juin 1859. — Célébration des fêtes données à l'occasion de la victoire remportée par les armées françaises à Magenta (Guerre d'Italie).

26 juin 1859. — Acquisition au prix de 400 frs de 72 ares 30 centiares de terrain appartenant au sieur Mathieu (François), pour être annexé à la forêt communale dite LES ENVERS.

13 juillet 1859. — Le conseil municipal réuni en séance extraordinaire à laquelle assistait M. Paul Odent, préfet du Haut-Rhin, vote une somme de 15,000 frs comme part contributive de la commune dans la construction du chemin de fer de Sainte-Marie-aux-Mines à Schlestadt.

Ce vote fut loin de satisfaire le désir de M. le préfet qui demandait que la commune de Sainte-Croix-aux-Mines versât une somme d'au moins soixante mille francs, eu égard aux grands avantages qu'elle retirerait de l'exécution de cet important projet.

10 août 1859. — Le conseil municipal vote la création d'un chemin de grande communication de Sainte-Marie-aux-Mines à Schlestadt, destiné à être converti en chemin de fer.

1859. — Agrandissement de la mairie.

9 octobre 1859. — Nouvelle acquisition au prix de 657 frs. d'une parcelle de jardin à M. Laurent, pour agrandir la cour des écoles communales.

20 novembre 1859. — Acquisition au prix de 800 frs de 63 ares 50 centiares (41 ares 65 de forêt et 21 ares 85 de pâturage), appartenant au sieur Maire (de la Ralaine), pour être réunis à la forêt communale dite FROIDEGOUTTE.

1er avril 1860. — Le conseil municipal adopte le projet de construction d'un lavoir public.

9 mai 1860. — Agrandissement de l'école du Petit-Rombach.

31 mai 1860. — Pose du balcon de la mairie.

1er août 1860. — Badigeonnage de la mairie, des écoles et du presbytère.

Etablissement d'une clôture en fer au jardinet du presbytère et de portes en fer au cimetière.

12 août 1860. — Installation de M. Dinichert (Charles-Jean-Baptiste), médecin cantonal, appelé aux fonctions d'adjoint au maire.

19 août 1860. — Election intégrale du conseil municipal. Furent élus MM. HERMENT (Nicolas), à la Bouille; JACQUEMIN (Joseph), HENRY, maire; MARCHAL (Jean-Joseph), DUMOULIN (Nicolas), SURMELY (Georges), DUMOULIN père (Jean-Baptiste), LAURENT (Charles), JEANDON (Nicolas), HERLÉ (Jean), BALLENECKER (Valentin), PAIRIS (Jean-Claude), SCHMUTZ, MARCHAL (Nicolas), METTEMBERG (Jean-Baptiste), DUMOULIN (Charles), Ancel (Nicolas), notaire; Landmann (Sébastien), RICE (Jean-Pierre), CLAUDOT et LABADIE.

Septembre 1860. — Construction d'un hangar dans la cour des écoles.

23 septembre 1860. — Vente au prix de 35 frs d'un petit terrain communal situé derrière l'église, au profit des sieurs Nossant et Petitcolin.

1er janvier 1861. —Redressement du mur de quai de la Lièpvrette, contre la propriété du sieur Charles Surmely.

8 février 1861. — Vote d'un crédit de 3000 frs pour la réparation des chemins vicinaux.

1861. — Ameublement de la salle des délibérations du conseil municipal.

28 février 1861. — Le conseil municipal, dans le but d'éviter aux habitants de Sainte-Croix-aux-Mines une imposition extraordinaire d'un grand nombre d'années, vote une somme de SOIXANTE MILLE FRANCS, comme part contributive de la commune, dans la construction du chemin de fer de Sainte-Marie-aux-Mines à Schlestadt, et annule le vote du 13 juillet 1859.

Dans cette circonstance, M. Henry, maire, pour s'éviter les reproches que certainement les propriétaires les plus portés à l'intérêt de la commune n'auraient pas manqué de lui adresser, avait cru devoir les inviter à assister à cette séance pour être consultés officieusement sur l'opportunité d'un tel vote.

En présence des impositions et des prestations de toute nature dont ils étaient menacés, au cas où le vote serait refusé, tous furent d'avis qu'il y avait plus d'avantages pour la commune et pour ses habitants de verser la subvention réclamée.

1861. — Construction d'un pont en pierres à la Vraie-Côte.

8 mai 1861. — Etablissement d'un nouveau chemin de vidange au canton MARIGOUTTE.

23 juin 1861. — Vente au prix de 831 frs d'un terrain communal improductif, situé au canton HAUTE-ECHEVÉE, au profit du sieur Deschamps.

1861. — Acquisition de tuyaux en fonte pour fontaines communales.

3 juillet 1861. — Célébration des fêtes données à l'occasion de la victoire de Solférino (GUERRE D'ITALIE).

8 août 1861. — Création de la musique de la compagnie des sapeurs-pompiers.

Même date. — Etablissement d'une fontaine, au bas du village.

1861. — Construction d'un lavoir public.

4 novembre 1861. — Le conseil municipal sollicite l'établissement de la station du chemin de fer, sur l'emplacement situé près la fabrique de M. Diemer, comme offrant le plus d'avantages.

1861. — Etablissement de deux pompes communales audessus du village.

6 février 1862. — Vente au prix de 1200 frs d'un terrain inculte, situé sur le versant de la colline Steinbach, au profit du sieur Masson.

9 mai 1862. — Le conseil municipal arrête qu'il est expressément interdit, sous peine de procès-verbal, de laver les linges dans les fontaines communales; que tous les ménages sont admis à lessiver au lavoir public sans rétribution, mais que ceux qui se serviront de la buanderie pour leur lessive, devront payer à la caisse municipale une indemnité de cinquante centimes par jour et par chaudière mise en service.

Même date. — Le conseil municipal, à l'unanimité, proteste contre l'imposition de 400 frs assignée à la commune pour frais d'entretien d'un chemin d'intérêt commun de Sultzeren à Sainte-Marie-aux-Mines.

7 août 1862. — Projet d'agrandissement du cimetière.

6 novembre 1862. — La commune contribue pour une somme de 2000 frs, dans les frais de reconstruction par l'Etat du mur de quai qui borde la route impériale, le long de la rivière dite LA LIEPVRETTE.

Même date. — Le conseil municipal demande et obtient la réorganisation des triages forestiers de Sainte-Croix-aux-Mines. (Arrêté préfectoral du 14 octobre 1863).

6 juillet 1863. — Réparation de la coupole et de la flèche de l'église paroissiale (dépense, 2394 frs 97 c.).

(Un procbès-verbal constatant la pose de la croix a été déposé dans la Boule.)

Août 1863. — Réparation du toit et du bâtiment de l'église.

29 septembre 1863. — Le conseil déclare qu'il y a lieu d'approuver les statuts de la Société de secours mutuels dite DES BOURGEOIS, fondée en 1836.

Même date. — Le conseil municipal, sur la proposition de M. Landmann, ancien maire, vote une somme de 300 frs, dans le but de venir en aide aux enfants pauvres de la commune, qui pourront être admis à suivre les cours de l'école professionnelle de Sainte-Marie-aux-Mines.

29 septembre 1863. — Vote d'un crédit de 2500 frs pour la continuation des rigoles pavées.

Même date. — Le conseil est d'avis qu'il y a lieu d'approuver les statuts de la Société des secours mutuels dite l'UNION DES FAMILLES.

4 décembre 1863. — Création d'une bibliothèque communale placée sous le patronage du comité départemental siégeant à Mulhouse.

5 février 1864. — Agrandissement du cimetière.

Même date. — Le conseil demande l'aménagement de la Haute-Futaie.

15 août 1864. — Le conseil municipal, sur la proposition de M. Schmutz, adjoint faisant fonctions de maire (pour le titulaire absent), sollicite l'érection d'un second vicariat à Sainte-Croix-aux-Mines.

8 novembre 1864. — M. Jaeger (Alphonse), bibliothécaire, entré dans l'administration le 10 juin 1855, est nommé secrétaire de mairie.

Même date. — Le conseil municipal décide que la commune contribuera pour un tiers dans la dépense de construction d'un pont en pierres à la HAMMERSCHMITT.

29 décembre 1864. — Inauguration du chemin de fer de Sainte-Marie-aux-Mines à Schlestadt.

J'emprunte au JOURNAL DE SAINTE-MARIE-AUX-MINES (du 8 janvier 1865, n° 1) le compte-rendu de cette fête, en ce qui concerne Sainte-Croix-aux-Mines.

« La fête de l'inauguration du chemin de fer de Sainte-
« Marie-aux-Mines à Schlestadt a été célébrée à Sainte-

« Croix-aux-Mines avec tout l'éclat que comportait la circonstance.

« Dès le matin, une foule nombreuse se pressait aux « abords de la station pour assister au passage du train qui « se rendait à Schlestadt, au-devant des invités.

« A voir de si bonne heure l'empressement de la popu- « lation, on devait prévoir, pour l'arrivée du convoi offi- « ciel, la présence de presque tous les habitants.

« En effet, une foule énorme envahissait la gare et c'est « à peine si on pouvait se frayer un passage, tandis que le « bureau de la station était comble de voyageurs se rendant « aux fêtes de Sainte-Marie-aux-Mines.

« Un arc de triomphe, élégamment construit, était chargé « de drapeaux, et des inscriptions, témoignages de la recon- « naissance publique, se trouvaient placées à chaque face.

« Sur la première (vers Schlestadt) on lisait : A L'EMPE- « REUR, A MM. LES PREFETS ET INGENIEURS ! et sur « la seconde (vers Sainte-Marie-aux-Mines) : A LA COM- « PAGNIE DES CHEMINS DE FER DE L'EST.

« De nombreuses guirlandes reliaient le longues lignes de « sapins et donnaient à la station un aspect des plus agré- « ables.

« La foule grossissait comme un torrent et attendait avec « la plus vive impatience l'arrivée du convoi officiel. Dans « l'intervalle, le corps municipal, escorté par la compagnie « des sapeurs-pompiers, musique en tête, partait de la « mairie pour la gare, afin d'assister à la réception des in- « vités, pendant que plusieurs dépêches télégraphiques « prévenaient de l'approche du train.

« Enfin à dix heures, des salves d'artillerie annonçaient « son arrivée; les tambours battaient aux champs et la « musique faisait entendre ses airs de joie.

« M. le préfet du Haut-Rhin (M. le baron Ponsard), Mgr « l'évêque de Strasbourg (Mgr André Raess), M. Lefébure, « député de l'arrondissement de Colmar; M. le baron de « Reinach, député, et plusieurs autres notabilités descendi- « rent du convoi et s'arrêtèrent devant la station.

« M. le préfet adressa à M. le maire et à MM. les officiers « de la compagnie, des félicitations et des encouragements, « et c'était vraiment digne de remarque de voir le premier « magistrat du département s'entretenir avec nos sapeurs- « pompiers, qui conserveront tous un long souvenir de cette « charmante mais trop courte visite.

« Mais là ne devaient pas s'arrêter les ovations de notre « commune qui préparait une surprise pour le retour du « convoi. Une illumination splendide de l'arc de triomphe « s'apprêtait, et quand de nouvelles salves annoncèrent l'ar- « rivée du train, des feux de bengale aux couleurs variées « éclairaient toute la station et reflétaient au loin l'éclat de « leur vive lumière.

« Les invités et les voyageurs sortaient et admiraient ce « spectacle imposant; on eût dit la station en pleine four- « naise; un feu d'artifice et des torches de résine placées « le long de la voie captivaient l'attention des spectateurs.

« Dans la journée eut lieu un banquet municipal, et dans « la soirée, un concert public gratuit fut offert à notre po- « pulation, dans l'établissement de M. Schmutz, brasseur.

« Enfin, Sainte-Croix-aux-Mines a tenu à honneur de « faire, à leur passage, le plus brillant accueil aux person- « nes distinguées du convoi officiel, et ses habitants conser- « veront un précieux souvenir de la fête de l'inauguration « du chemin de fer ».

6 février 1865. — Acquisition au prix de 700 frs d'une parcelle de terrain appartenant au sieur Jochner (Maximin), pour être annexée à la forêt communale dite LES ENVERS.

Même date. — Vote d'un crédit de 300 frs comme part contributive de la commune dans la dépense d'érection d'un monument à élever au cimetière, à la mémoire de feu M. Tulon, curé.

9 mai 1865. — Le conseil municipal sollicite l'ouverture à la gare d'un service télégraphique privé.

Même date. — Vote d'acquisition d'appareils d'éclairage.

22, 23, 29 et 30 juillet 1865. — Election intégrale du conseil municipal.

Furent élus MM. **JACQUEMIN** (Joseph), **MARCHAL** (Jean-Joseph), **ANCEL** (Nicolas), **SURMELY** (Georges), **SCHMUTZ** (Louis), **LAURENT** (Charles), **GRANDGEORGES** (François), **DUMOULIN** (Charles), **HERLÉ** (Jean), **DUMOULIN** (Jean-Baptiste), **DUMOULIN** (Nicolas), **JEANDON** (Nicolas), **VAUCOURT** (Alexandre-Léger), **HENRY**, maire, **PAIRIS** (Jean-Claude), **LABADIE** (Pierre), **CHOTEL** (Jean-Baptiste), **BALLENECKER** (Valentin), **CLAUDOT** (Joseph), **GROS** (Charles), **LANDMANN** (Alfred), **BERTRAND** (Joseph), **VINCENT** (Jean-Baptiste), gendre **VILLEMIN**.

ASSOCIATIONS CHARITABLES

BUREAU DE BIENFAISANCE

La création de cet établissement remonte à l'année 1724. Connu dès le principe sous la dénomination de BUREAU DES PAUVRES, ce n'est que sous l'administration de M. Vaucourt, notaire et maire, qu'il devint ce qu'il est aujourd'hui : BUREAU DE BIENFAISANCE.

Personne ne contestera les avantages immenses obtenus de cette importante création; eh, que de malheureux secourus depuis plus d'un siècle !

Il suffit, en effet, d'en connaître la valeur pour savoir justement en apprécier toute l'utilité.

Le budget du bureau de bienfaisance pour 1865 accuse une recette de 6503 frs 39 c., dans laquelle se trouve comprise la subvention pour ainsi dire annuelle, accordée par la commune.

La dépense se chiffre à 6187 frs.

Cet établissement accorde des secours mensuels et locatifs à trente et un indigents et plus; et des secours temporaires en argent, pain, viande et autres comestibles à cent sept autres.

La totalité des pauvres secourus régulièrement donne en moyenne cinquante-deux semaines, à 112 frs l'une.

Le bureau de bienfaisance est administré par une commission composée : du maire, président; cinq membres, un secrétaire. (Décret du 17 juin 1852.)

SOCIÉTÉS DE SECOURS MUTUELS

Ainsi qu'on l'a justement fait remarquer, l'institution des sociétés de secours mutuels n'est pas de celles dont il est nécessaire de faire l'apologie.

Je me bornerai simplement à énumérer celles qui ont été créées à Sainte-Croix-aux-Mines.

1° SOCIÉTÉ DITE DES BOURGEOIS.

Cette société, établie en 1836 par quelques citoyens partisans du bien, et notamment par M. Burckner, fut légalement constituée en 1863.

Administrée antérieurement à la loi de 1852, par des assesseurs, la gestion en fut autrement décidée par un décret impérial du 6 janvier 1864, qui nomma M. Dumoulin (Charles), employé de tissage et conseiller municipal, président de cette association, qui a déjà fait beaucoup de bien à la classe ouvrière, qui compte le plus dans son sein.

Le nombre de ses membres est actuellement de cent huit; la moyenne de ses recettes s'élève à 1200 frs, et ses dépenses varient entre 900 et 1000 frs.

Son avoir à la caisse d'épargnes était au 31 décembre 1865 de 1917 frs 33 c.

Enfin, cette société possède un fonds de retraite créé en 1864.

2° SOCIÉTÉ DITE DES SAPEURS-POMPIERS.

Sous l'administration de M. Landmann, il vint à l'idée de quelques citoyens, en tête desquels je placerai M. Laurent (Charles), capitaine commandant de la compagnie, de former une association à part, pour les sapeurs-pompiers.

Cette excellente idée fut bientôt partagée par le corps tout entier, qui en demanda la prompte réalisation.

Une commission s'occupa de rédiger des satuts, et les membres qui en faisaient partie prirent le titre de MEMBRES FONDATEURS.

Ce furent MM. LANDMANN, maire; LAURENT (Charles). JAEGER (Alphonse), HERLE (Jean), AUBRY (Charles). GRANDJEAN (François), MERTZ (Marc), NOSSANT (Jean-Baptiste).

Le 18 juillet 1858, par une belle journée, eut lieu l'inauguration solennelle de la Société, qui se rendit en corps, musique en tête, au domicile de M. Grandjean, l'un des fondateurs, pour y prendre la CAISSE, qui avait été ornée de couronnes de fleurs pour la circonstance.

Au retour, ce fut un véritable triomphe; chacun se disputait l'honneur de faire partie de la nouvelle Société.

Enfin, un décret impérial en date du 30 juin 1859 en confia la présidence à M. Simon (Jean-Baptiste), propriétaire et instituteur.

M. Jaeger (Alphonse) fut nommé secrétaire, et M. Laurent, trésorier.

Je ne terminerai pas cette notice, sans dire un mot de la compagnie des sapeurs-pompiers, organisée sous l'administration de M. Jaeger en 1848.

Ce corps, qui a déjà rendu des services signalés à la commune et à ses habitants, se distingue particulièrement par sa belle discipline, et on peut dire hardiment de cette institution qu'elle est une véritable pépinière d'hommes de dévouement. Ce corps a été commandé successivement par MM. Burckner (Joseph), Claudot (Joseph) et Laurent (Charles), et ces officiers ont toujours tenu leur position en grand honneur.

La commune de Sainte-Croix-aux-Mines peut et doit se féliciter de sa formation.

3° SOCIÉTÉ DITE L'UNION DES FAMILLES.

Cette société, approuvée par arrêté préfectoral du 12 février 1864, a été fondée en 1863 par M. Jaeger (Alphonse), secrétaire de la Société des sapeurs-pompiers, dans l'unique but de faire parvenir jusqu'aux femmes et aux enfants les bienfaits de la mutualité, qui jusqu'alors n'avaient pu leur être accordés. Il ne reste donc plus rien à faire de ce côté, si ce n'est que les parents doivent s'empresser de profiter des avantages de cette création.

Il ne s'agit pas seulement pour eux de la nourriture, du vêtement de la famille, ni des plaisirs des enfants, il s'agit aussi et avant tout de la santé, de l'existence même; il s'agit, en un mot, de soulager les souffrances, de guérir les maladies, d'éloigner, s'il est possible, la mort qui menace, sans rien emprunter au produit du travail qui doit subvenir à l'entretien du ménage.

C'est pour atteindre ce but que cette société a été formée.

M. Henry, en vertu d'un décret impérial en date du 13 août 1864, en est le président.

BIBLIOTHÈQUE COMMUNALE

Cette bibliothèque a été organisée par MM. Jaeger (Alphonse) et Ancel (Prosper), avec le concours généreux de la commune et de MM. Léon et Alfred Landmann, manufacturiers.

Son règlement est approuvé par M. le préfet, et elle est placée sous le patronage de la Société des bibliothèques communales du Haut-Rhin, ayant son siège à Mulhouse.

Elle est ouverte le deuxième et le quatrième dimanche de chaque mois, les fêtes exceptées, de huit à neuf heures du matin.

APPRECIATIONS. — Quel meilleur repos, quand la famille a travaillé toute une journée, que de se livrer le soir, une heure, à la lecture d'un ouvrage qui instruit en même temps qu'il amuse !

Toutes les personnes de Sainte-Croix-aux-Mines, pour lesquelles cette bibliothèque a été créée, ne voudront-elles pas profiter de la bonne et heureuse occasion qui leur est offerte de s'instruire gratuitement, sur toutes les branches de l'esprit humain, dans l'industrie comme dans l'agriculture, dans l'histoire comme dans les arts, les sciences et la littérature ?

Y aura-t-il encore des jeunes gens qui s'obstineront à ne pas vouloir connaître l'histoire de leur pays, de cette noble France dont ils sont fiers d'être les enfants ?

Devant une telle perspective du progrès, toute opposition, même la plus systématique, doit disparaître, pour faire place à un raisonnement sérieux, car chacun comprend aujourd'hui qu'il faut laisser de côté les vieux préjugés et marcher résolument avec son époque.

A regarder les choses de plus haut, un véritable progrès est donc attaché à la propagation du goût de la lecture; l'amour-propre de chacun y est engagé, et aucun ne voudra perdre dans une honteuse négligence les ressources naturelles de son esprit.

Il ne s'agit de rien moins que de mettre de la bonne volonté et un peu de fermeté à poursuivre un but essentiellement utile et profitable sous tous les rapports à toutes les personnes les plus directement intéressées.

De quelle importance n'est-il pas maintenant pour les familles d'avoir dans la commune une bibliothèque à leur disposition, pour qu'avec la connaissance des éléments qu'elle contient, leurs enfants puissent un jour servir plus efficacement les intérêts de leur patrie, de leur commune et les leurs propres !

C'est donc à former et à perfectionner leur intelligence, que les parents doivent principalement et consciencieusement s'attacher; et c'est pour les aider à bien remplir ce DEVOIR SACRÉ qu'une bibliothèque a été créée. Que tous donc s'empressent d'en profiter !

DE LA PAROISSE

Il sera sans doute agréable aux habitants de connaître tous les éléments religieux de la paroisse de Sainte-Croix-aux-Mines, qui a pour patron SAINT NICOLAS; les confréries de Saint-Sébastien, Saint-Augustin et Saint-Georges; Sainte-Barbe, Sainte-Anne et Sainte-Agathe en dépendent.

La confrérie du SAINT-ROSAIRE a été érigée en l'an 1682, et celle des TRÉPASSÉS longtemps avant.

A côté de ces grandes institutions pieuses, diverses œuvres religieuses ont encore été fondées par MM. les curés.

Je citerai la congrégation des filles, par M. le curé Laurent; les Quarante-Heures, par M. le curé Ganther; le Chapelet du soir; le Mois de Marie, par M. le curé Tulon, lequel a en outre construit, au hameau du Grand-Rombach, une chapelle dédiée à NOTRE-DAME DE BON-SECOURS; elle a été édifiée à l'aide de souscriptions particulières.

D'autres chapelles existent encore au Petit-Rombach, à Saint-Blaise et à la Goutte-du-Prince.

Celle du Petit-Rombach est dédiée à SAINT-ANTOINE; sa construction remonte au commencement du seizième siècle. Elle fut longtemps administrée par un ermitage dépendant de l'abbaye de Murbach, à laquelle la FAMILLE de RIBEAUPIERRE avait abandonné ses droits sur le CHATEAU HAUT-ESCHERY, dont à la fin cette chapelle était devenue le fief.

Visitée dans l'ancien temps par une foule énorme de pélerins, aujourd'hui encore, la fête de Saint-Antoine, qui se célèbre annuellement le 17 janvier, y attire un grand nombre de personnes de la localité et des alentours.

La FAMILLE LABADIE-TONNELIER, qui en est propriétaire, y a fait exécuter d'importantes réparations.

Celle de Saint-Blaise, dédiée au saint dont elle porte le nom, fut fondée en l'an 1775, par M. le curé Noël.

Quant à celle de la Goutte-du-Prince, plus connue sous le nom de VIERGE DES BOIS ou NOTRE-DAME DES SEPT-DOULEURS, elle se trouve située dans un site pittoresque qui est des plus agréables.

Son exposition, sur un rocher escarpé et au milieu d'une épaisse forêt de sapins, donne à ce sanctuaire vénéré une apparence sévère qui saisit le pélerin d'une sainte frayeur.

Longtemps visitée par des milliers de personnes que leur piété amenait dans cette solitude, elle ne l'est plus autant depuis l'établissement de la chapelle du Grand-Rombach.

En l'an 1779, S. A. E. Mgr LE CARDINAL PRINCE DE ROHAN, évêque de Strasbourg, accorda au clergé de Ste-Croix-aux-Mines l'autorisation de célébrer les fêtes de l'INVENTION et de l'EXALTATION DE LA SAINTE-CROIX.

Dès 1780, le jour de SAINT-MARC, les paroissiens de Sainte-Croix-aux-Mines se rendaient processionnellement à l'église de Lièpvre; les paroissiens de Lièpvre venaient à leur rencontre jusqu'au hameau de Musloch.

Le jour de l'INVENTION DE LA SAINTE-CROIX, c'était au contraire la paroisse de Lièpvre qui se rendait avec le même cérémonial à l'église de Sainte-Croix-aux-Mines.

En 1742, S. A. R. LE DUC FRANÇOIS DE LORRAINE fit publier dans toutes les paroisses du duché une ordonnance portant obligation aux malades de se confesser le troisième jour de leur maladie, à peine pour eux, leurs parrents, médecins, etc., de cent livres d'amende.

Avant la révolution de 1789, l'église de Sainte-Croix-aux-Mines possédait de nombreuses propriétés qui furent aliénées au profit de l'Etat.

Ses revenus annuels s'élevaient à environ cinq mille francs.

Ce qui explique cette heureuse situation, c'est qu'avant cette époque les particuliers avaient l'habitude de faire beaucoup de dons; aujourd'hui ce genre de libéralité a presqu'entièrement disparu.

Voici les noms des donateurs en faveur de l'église :

MM. AUBRY (Nicolas), 77 frs; AUBERT (Jean-Baptiste), 200 frs; AUBERT (Jean-Quirin), 245 frs; ADAM (Sébastien), 128 frs; ANCEL (Jean-Joseph), 62 frs; BOLFE père (Antoine), 64 frs; BLUM (François), 214 frs; BATOT père (Antoine), 310 frs; BERTRAND (Joseph), 210 frs; COLLE (Nicolas), 189 frs; CHOTEL (Jean-Baptiste), 100 frs; DUMOULIN (Jean-Baptiste), 229 frs; DUMOULIN (Nicolas), 180 frs; GEORGE (Nicolas), 35 frs; GRANDPRÉ (Nicolas), 170 frs; GASPERMENT (Joseph), 100 frs; JACQUOT (Sébastien), 88 frs; JACQUOT (Antoine), 340 frs; JACQUOT (Joseph), 500 frs; LEONARD (Jean-Baptiste), 42 frs; MARCHAL (Jean), greffier, 1400 frs, un calice en argent et 60 kilos de cire; MATHIEU (Quirin), 64 frs; MENGIN (Jean-Jacques), 189 frs; MENGIN (Jean-Joseph), 100 frs; PETITDIDIER (Pierre), 124 frs; PAIRIS (Sébastien), 1705 frs; PAIRIS (Jean-Thomas), 185 frs; PETREMENT (François), 200 frs; SCHOBECK (Jacob), 310 frs; TIREMBERG (Jean-Baptiste), 155 frs; TONNELIER (Joseph), 310 frs; THIE-

BAUT (Dominique), 929 frs; VINCENT (Joseph), 290 frs. Total des dons en argent, 9344 frs.

L'église possédait en outre, comme il a été dit déjà, de nombreuses propriétés qui étaient situées aux cantons Champs-Nicolas, Goutielle, Hajus, Barbeline, Grandes-Haies et Pourris-Prés.

Aujourd'hui les ressources de la fabrique sont tellement restreintes, qu'elles ne peuvent suffire au paiement des dépenses ordinaires sans le concours obligé de la caisse municipale.

En effet, le budget de cet établissement pour l'exercice 1865 accuse une recette de 1539 frs 80 c.; une dépense de 1899 frs 10 c.; déficit, 359 frs 30 c.

Les dix grands tableaux, peints sur toile, qui se trouvent dans l'église actuelle, sont de VOIRIN, de Sainte-Marie-aux-Mines, et ont été achetés en 1769 au prix de 767 frs.

En présence d'un tel prix, on ne s'étonnera plus si leur exécution offre tant de prise à la critique. Il faut espérer que l'administration municipale s'occupera bientôt de la nouvelle restauration de notre église.

Dans ma sphère beaucoup trop modeste pour oser émettre un avis décisif à cet égard, je n'hésite cependant pas à croire que le plus grand honneur est assuré à l'administration municipale qui aura enfin réalisé ces importantes réparations.

Les dispositions intérieures de l'édifice, chacun le reconnait, sont majestueuses; avec un décor simple, élégant et de bon goût, Sainte-Croix-aux-Mines pourra se féliciter, à juste titre, d'avoir une des plus belles églises de l'Alsace.

Voici maintenant les noms de MM. les curés qui ont été chargés d'administrer la paroisse, depuis l'époque la plus reculée jusqu'à ce jour :

MM. MARCHAL, curé, 1685 à 1691; VANNEY, 1691 à 1712; FERRY, 1712 à 1720; COLNAT, 1720 à 1725; JACQUEMIN, 1725 à 1733; BERTRAND, 1733 à 1753; HEYBERGER, 1753 à 1767; MOUGEOT, 1767 à 1768 : tous décédés curés dans d'autres localités. NOEL, 1768 à 1788, décédé à Sainte-Croix-aux-Mines, le 22 mars 1803; SCHAAL, 1788 à 1814, décédé curé de Schlestadt; MUNCHINA, 1814 à 1815, décédé curé de Schwoben (Haut-Rhin); LAURENT, 1815 à 1816, décédé vicaire général du diocèse de Strasbourg; GANTER, 1816 à 1822, décédé à Colmar; DIETRICH, 1822 à 1832, curé de Kaysersberg; SERRODINO, 1832 à 1834, curé de Sermaize (Marne); TULON, 1834 à 1864, décédé à Sainte-Croix-aux-Mines, le 5 mars 1864; KLENCK, 1864.

STATISTIQUE

Il me reste, pour bien remplir le but que je me suis proposé en publiant ce petit recueil, à compléter les divers renseignements déjà consignés par des données exactes sur l'étendue totale du territoire de la commune de Sainte-Croix-aux-Mines, et quelques notes qui peuvent encore trouver place ici.

D'après la matrice cadastrale dressée en 1846, la superficie totale de notre commune est de 2783 hectares 93 ares 35 centiares, qui se répartissent ainsi qu'il suit :

	hectares	ares	centiares
Terres labourables	664	65	05
Jardins	10	90	15
Pâtures	145	48	77
Prés	353	47	67
Vignes	»	2	17
Vergers	7	28	69
Bois	1273	69	57
Châtaigneraies	13	12	67
Broussailles	3	10	05
Terres vaines	1	68	55
Terres incultes	»	92	26
Rocailles	5	99	60
Ensemble	2480	36	20

Dans ces catégories ne figure pas la contenance respective des terrains occupés par les chemins vicinaux et ruraux, et les rivières (303 hectares 57 ares 15 centiares).

Le nombre total des maisons d'habitation s'élève à quatre cent soixante-cinq, non compris les usines, manufactures, etc.

Les travaux agricoles sont très-soutenus à Sainte-Croix-aux-Mines, et certes ils ont besoin de l'être, car aujourd'hui on n'est que trop porté dans les campagnes à chercher loin du sol natal un bonheur, une fortune qui fuit sans cesse, et que l'on trouverait aisément en tirant du bien de ses pères les richesses qu'il renferme.

De notables améliorations ont été apportées à l'exploitation de plusieurs fermes, terres et prairies.

Je citerai parmi les propriétaires qui se sont le plus signalés dans ces derniers temps :

MM. AUBRY père (Jean-Baptiste); SCHOUBART (Frédéric), filateur; ANCEL (Nicolas), notaire; BALLENECKER père (Valentin).

Les trois derniers ont obtenu une médaille d'encouragement au dernier concours agricole de Sainte-Marie-aux-Mines (28 septembre 1863).

Citons en outre MM. DIETSCH, Latimbach; MARCHAL (Jean-Joseph), JEANDON (Nicolas), GASPERMENT (Charles), Goutte-Martin; RICHARD (Valentin), Hury; METTEMBERG (Jean-Baptiste), MARCHAL (Nicolas), MILLION père (Jean-Baptiste), MAIRE (Antoine), veuve Berbuche; HERMENT (Nicolas), Louille; et PHILIPPE, dessus du village.

Les bois occupent une grande partie du territoire; la commune, pour sa part, possède neuf cent quatre-vingt-deux hectares de forêt.

Le produit de la vente d'une partie qui se fait annuellement, figure pour un chiffre respectable au budget municipal, et c'est cette ressource importante et durable qui seule permet de toujours s'occuper un peu de l'embellissement de la commune.

Quant aux chemins, personne ne saurait contester leur parfait état de viabilité.

La caisse municipale, dans le but de ménager aux habitants des centimes additionnels et des prestations auxquels ils seraient imposés s'il en était autrement, supporte des sacrifices considérables.

Ceux donc qui oseraient élever une plainte sur l'état actuel n'ont qu'à demander aux personnes compétentes, ce qu'étaient les chemins et même la route impériale en 1812.

La commune est heureusement dotée d'admirables institutions de bienfaisance, dont les ressources donnent aux malheureux les secours que réclame leur situation.

Le commerce aussi acquiert une importance graduelle. Journellement on voit s'élever de nouvelles usines, de nouveaux magasins; chacun s'empresse de devenir marchand.

Nous souhaitons une longue durée à cette heureuse innovation, qui, ce nous semble, donnera un jour lieu à une concurrence telle qu'elle profitera aux nombreux consommateurs.

USAGES LOCAUX

Il est utile de consigner ici certains usages locaux existants à Sainte-Croix-aux-Mines, et qui ont été consacrés par le Code Napoléon.

Il ne peut plus être question des anciennes coutumes qui ont été expressément abolies par l'art. 7 de la loi du 30 ventôse an XII.

1° USAGES CONCERNANT LES EAUX ET LE CURAGE DES RIVIERES.

(Art. 644 et 645 du Code Napoléon; loi du 14 floréal an II).

L'irrigation ne peut distraire les eaux de la Lièpvrette que du samedi à 8 heures du soir au lundi à 4 heures du matin. (Cet usage ancien est confirmé par un arrêté préfectoral du 28 juin 1833.)

2° DISTANCES A OBSERVER POUR LES PLANTATIONS.

(Art. 671 du Code Napoléon.)

Le propriétaire du fonds sur lequel avancent les branches de l'arbre du voisin a droit à la totalité des fruits pendant à ces branches.

Il n'est permis de planter des arbres de haute tige qu'à la distance de deux mètres de la ligne séparative des deux héritages et à distance d'un demi-mètre pour les autres arbres et haies vives.

3° USAGES CONCERNANT LE LOUAGE D'IMMEUBLES.

(Art. 1736, 1738, 1753, 1758 et 1759 du Code Napoléon.)

Les époques consuétudinaires sont : la Saint-Georges, 23 avril; la Saint-Martin, 11 novembre.

Les dénonciations pour les baux à loyer sont les suivantes : 1) d'un mois, pour les baux de 100 frs et au-dessous; 2) de trois mois, pour les baux de 100 à 200 frs; 3) de six mois, pour les baux de 200 frs et au-dessus.

Les chambres garnies louées au mois peuvent être évacuées après un simple congé de quinze jours.

Le mois se compte de jour à jour.

Les loyers de 100 frs et au-dessous se paient par mois; ceux de 100 à 200 frs, par trimestre, et ceux au-dessus de 200 frs, par semestre.

En cas d'expiration du bail ou de congé notifié, le locataire doit opérer son déménagement dès le lendemain avant midi.

NOMENCLATURE

des diverses dispositions d'Arrêtés municipaux de Sainte-Croix-aux-Mines qui doivent être observées sous peine de procès-verbal.

ARRÊTÉ CONCERNANT LA VENTE DES CHANDELLES ET DES BOUGIES.

(Du 24 décembre 1855, approuvé par M. le préfet du Haut-Rhin.)

La chandelle et la bougie ne pourront être vendues qu'au poids net.

ARRÊTÉ CONCERNANT LA SALUBRITÉ PUBLIQUE.

(Du 26 décembre 1858, approuvé par M. le Préfet le 7 janvier 1859.)

CHAPITRE I. NETTOIEMENT DES RIGOLES ETC.

Les propriétaires ou locataires sont tenus de faire balayer complètement tous les samedis, ainsi que la veille des fêtes légales, la voie publique au devant de leurs maisons, magasins, cours, jardins et autres emplacements.

Le balayage sera fait : du 1ᵉʳ avril au 30 septembre, de 5 à 7 heures du soir; du 1ᵉʳ octobre au 31 mars, de 3 à 5 heures du soir.

Les trottoirs devront être grattés, lavés et balayés chaque quinze jours.

Il est interdit de déposer dans les rues et sur les places publiques, des ordures, paille, etc.

Lorsqu'un chargement ou déchargement d'objets quelconques aura été opéré sur la voie, dans le cours de la journée, l'emplacement devra être balayé.

Il est expressément défendu de jeter des eaux infectes, etc., sur la voie publique et de déposer devant les maisons, cours, jardins, etc., des fumiers de toute nature.

CHAPITRE II. NEIGES ET GLACES.

En cas de verglas, il est enjoint aux habitants de faire jeter au devant de leurs habitations, des cendres, du sable, etc.

Il est interdit de former des glissades sur la voie publique.

CHAPITRE III. GRANDES CHALEURS; ARROSEMENTS.

Pendant tout le temps des chaleurs, il est enjoint aux propriétaires ou locataires d'arroser, à 11 heures du matin et à 3 heures du soir, la partie de la voie publique au devant de leurs maisons, boutiques, jardins et autres emplacements.

Il leur est défendu de se servir de l'eau stagnante des ruisseaux pour l'arrosement.

Il est également ordonné aux habitants, propriétaires ou locataires, de tenir pendant tout le temps des grandes sécheresses une cuve remplie d'eau, devant leurs maisons, pour, en cas d'incendie, pouvoir alimenter les pompes.

DISPOSITIONS FINALES.

Les gardes champêtres rédigeront des procès-verbaux contre les contrevenants, qui seront poursuivis conformément aux lois.

ARRÊTÉ CONCERNANT LE RAMONAGE. DES CHEMINÉES. (Du 23 mars 1859.)

1. Il est pourvu au ramonage des cheminées au moins deux fois par an, au commencement et à la fin de l'hiver.

2. Les boulangers, industriels, etc., sont tenus de faire exécuter cette opération tous les mois.

3. La rétribution due au ramoneur est fixée comme suit : 30 centimes et 5 frs, pour les fours et cheminées des fabriques; à 20 centimes, pour les cheminées du rez-de-chaussée et celles des 2e et 3e étages.

Le ramoneur ne peut, sous aucun prétexte, exiger de plus fortes rétributions.

4. Il sera procédé une fois par an, par le ramoneur assisté d'un agent assermenté et désigné par le maire, à la visite des fours et cheminées dans toute l'étendue de la commune.

Les contrevenants seront poursuivis, etc.

ARRÊTÉ CONCERNANT LE NUMÉROTAGE DES MAISONS. (Du 23 mai 1861, approuvé le 31 du même mois).

Les propriétaires ou locataires de maisons doivent veiller à ce que les numéros inscrits sur leurs habitations soient constamment nets et lisibles, et conservent la dimension et les formes qui leur ont été assignées par l'autorité municipale.

Les contraventions feront l'objet de procès-verbaux.

REGLEMENT DE POLICE DES FONTAINES COMMUNALES. (Du 27 juin 1857, approuvé le 6 juillet suivant).

1. Il est défendu de détériorer les fontaines de quelque manière que ce soit, et d'y faire aucune inscription ni dessin quelconque.

2. Le stationnement des voitures, chevaux et autres animaux, ainsi que le dépôt d'immondices, sont interdits aux abords des fontaines publiques.

3. Il est défendu de laver des linges, légumes, etc., dans les bassins desdites fontaines, et aux personnes de s'y laver et d'y faire aucune malpropreté.

Le tout sous peine de procès-verbaux.

INTERDICTION DU TIR D'ARMES A FEU DANS L'INTERIEUR DES COMMUNES. (Arrêté préfectoral du 3 mars 1859.)

1. Nul ne pourra, sous quelque prétexte que ce soit, tirer dans des maisons particulières, cours et jardins en dépendant, aucune pièce d'artifice sans une permission écrite du maire.

2. Il est défendu, notamment à l'occasion des mariages, baptêmes, fêtes de familles et fêtes publiques, de tirer des armes à feu, boîtes, pétards, fusées et pièces d'artifice quelconques sur la voie publique ou par les fenêtres.

Dans des cas exceptionnels, les maires pourront autoriser le tir d'armes à feu, en prenant toutefois des mesures pour que la sûreté des personnes ne soit pas compromise.

3. Les pères et mères et les chefs de maisons sont civilement responsables, suivant la loi, des contraventions aux dispositions ci-dessus.

4. Il est expressément défendu aux sapeurs-pompiers de se servir de leurs fusils pour tirer dans l'intérieur et à l'extérieur des communes, ou de confier à cet effet leurs armes à d'autres.

EMPLOI D'ARSENIC POUR LA DESTRUCTION DES SOURIS.

Dans une circulaire du 31 octobre 1861, M. le préfet du Haut-Rhin invite les maires à prémunir les habitants contre les dangers qu'entraîne l'emploi de substance arsenicale répandue à profusion sur leurs champs ou conservée en grande quantité dans leurs demeures.

Il leur rappelle qu'en facilitant à leurs administrés, soit par la délivrance de certificats, soit par tout autre moyen, l'occasion de se procurer de l'arsenic et d'éluder ainsi les dispositions réglementaires prises en France, en ce qui concerne l'achat et l'emploi des substances vénéneuses, MM. les maires engagent gravement leur responsabilité.

CADASTRE

CONSERVATION DES PIÈCES DÉPOSÉES DANS LES MAIRIES.
(Délivrance d'extraits).

La circulaire préfectorale du 28 novembre 1863 appelle l'attention de MM. les maires sur l'état de détérioration dans lequel se trouvent les pièces cadastrales d'un grand nombre de communes.

Cette situation, dit M. le préfet, peut être attribuée au déplacement irrégulier des documents cadastraux.

Aux termes du règlement du 10 octobre 1821, le directeur des contributions directes, actuellement dépositaire des minutes des plans du cadastre, a seul qualité pour délivrer aux parties les extraits de ces plans, et il est expressément interdit aux maires de permettre le déplacement des atlas parcellaires et des matrices cadastrales.

Sauf la transmission à faire au contrôleur pour le travail des mutations, les documents cadastraux appartenant à la commune ne doivent sous aucun prétexte sortir des archives communales.

Quant aux recherches que les particuliers ont à faire sur les pièces cadastrales, elles doivent toujours avoir lieu en présence du maire ou du secrétaire de la mairie.

Aucune copie ni extrait du plan ou de la matrice ne peut être levé par les parties elles-mêmes.

Aux termes de l'art. 35 du règlement susvisé, le propriétaire qui désire se procurer un extrait de la matrice ou du plan, en ce qui concerne ses propriétés, doit s'adresser au directeur des contributions directes à Colmar.

Les parties intéressées peuvent se renseigner au greffe de la mairie sur le coût des copies et extraits des plans cadastraux.

CONCLUSIONS

Cet ouvrage que je destine particulièrement à la jeunesse de Sainte-Croix-aux-Mines, lui apprendra ce qu'elle ne sait sans doute pas, et ce que, comme elle, d'autres ignorent peut-être également.

Quoi de plus utile que de connaître ce qui intéresse la commune et ce qui s'y est passé de plus important.

Chaque page de ce recueil évoque un souvenir et rappelle des faits curieux et instructifs.

Il importait naturellement de réunir dans un seul et même ouvrage les faits anciens et contemporains; en un mot, tout ce qui pouvait se rattacher à Sainte-Croix-aux-Mines. Je dis donc avec Hébert-Duperrou : « Mieux vaut arrêter d'abord son attention sur le lieu qui a vu naître ».

La commune est une seconde patrie, et chacun a toujours une affection particulière pour son endroit natal; c'est pourquoi j'ai aimé personnellement à reproduire le plus brièvement, mais aussi le plus exactement possible, tout ce qui m'a paru devoir intéresser les habitants de la localité.

Chaque administrateur a maintenant ses principaux actes dévoilés et soumis au jugement de l'opinion publique.

UN MOT

PRONONCÉ

SUR LE CERCUEIL DE MONSIEUR METTEMBERG

Le 20 septembre 1840

Messieurs,

Joseph Mettemberg, à qui nous rendons les derniers devoirs, a reçu le jour dans une vallée de ces montagnes des Vosges d'où les mœurs patriarcales n'ont pas encore tout-à-fait disparu. Sainte-Croix-aux-Mines est sa patrie; il y naquit en 1772. Sa famille était une des plus considérées du pays; son père fut longtemps maire de sa commune

Dès l'âge de 18 ans Joseph Mettemberg recevait, à l'hôpital militaire sédentaire de Schlestadt, les premiers principes de l'art de guérir, sous DUTAILLY, chirurgien en chef, que l'on citait pour son savoir et son patriotisme.

Bientôt l'élève mérita d'être cité à son tour pour son application et sa droiture (1). Il fut nommé, le 3 germinal an 3, chirurgien de 3e classe à la suite des hôpitaux ambulants des armées de l'intérieur, et envoyé en cette qualité à l'hôpital de Mars, qui venait d'être établi à Senlis: il partit de là pour la frontière, en qualité de chirurgien-major du 8e bataillon du Bas-Rhin; devint successivement officier de santé de 2e classe (grade désigné jusqu'alors sous le titre de chirurgien-major) dans le 75e régiment d'infanterie, puis dans la 140me demi-brigade; fut, après la bataille de l'avant-garde, chargé en chef, par le général Desaix et le représentant du peuple Ferraud, de porter les premiers secours aux blessés français et étrangers. service qu'il remplit avec tant de zèle et de fatigues, qu'il y contracta une forte et longue maladie.

Licencié en l'an 4, tant pour infirmités survenues à la suite de cette maladie, que pour blessures graves, (au siège de Mannheim il avait eu un côté de la tête abîmé et le bras droit fracassé par l'effet de l'explosion d'un obus (2),

Mettemberg était à peine rentré dans ses foyers, qu'il fut nommé, par l'administration centrale du département du Haut-Rhin, officier de santé titulaire pour le canton de Sainte-Marie-aux-Mines, et s'y acquit des droits à la reconnaissance de la population par les services qu'il y rendit (3).

Ce fut après quelques années consacrées à cette modeste et utile mission dans son pays natal, que Mettemberg vint à Paris; et ici, Messieurs, nous voilà arrivés à la seconde et pénible période de sa longue carrière, celle qui comprend les quarante dernières années de sa vie.

En 1794 la France avait quatorze armées sur pied, pour combattre l'étranger qui se ruait sur toutes ses frontières à la fois, dans le dessein de détruire son indépendance et ses libertés. Alors la gale s'était répandue dans ces armées, au point qu'on y comptait quatre cent mille hommes atteints de cette maladie (4). Plus inquiet qu'effrayé de cet état de choses, le gouvernement d'alors fit un appel aux officiers de santé militaires, dans le but de trouver le moyen le plus simple et le moins dangereux de guérison, sans soustraire les soldats à leur service.

Le jeune Mettemberg, attaché alors au 75e régiment d'infanterie, fut un des premiers à répondre à l'appel; après de sérieuses recherches, il composa une eau à laquelle il donna le nom de QUINTESSENCE ANTI-PSORIQUE. Il en fit de nombreux essais, et en présenta les résultats au gouvernement en 1795. Ces résultats étaient heureux, convaincants. Toutefois, il paraît que ce ne fut que cinq ans après, sous le gouvernement consulaire, qu'ils donnèrent un éveil sérieux, puisque ce n'est que de l'année 1801 qu'en datent les premières expériences publiques.

Ces expériences furent d'abord faites en présence d'une commission compétente (5), à l'hospice de la Maternité de Paris, sur les femmes, les nourrices et les enfants de tout âge qui se trouvaient atteints de la gale.

Plus tard, d'autres expériences, ordonnées par le gouvernement, et suivies avec soin par MM. les préfets dans des hospices assignés par le ministre, furent faites en 1806 à Lille et à Lyon, en 1807 à Saint-Denis près de Paris, et partout il y eut unanime conviction sur l'effet salutaire du remède administré d'après l'instruction donnée par l'auteur, c'est-à-dire en frictions mitigées avec de l'eau pure, selon l'âge, la multiplicité des boutons et la température.

A l'étranger, où Mettemberg est allé faire connaître sa quintessence anti-psorique, elle est adoptée, et sa propagation encouragée, savoir : en Espagne en 1809; en Prusse en 1814, où l'inventeur est décoré de l'ordre du Mérite civil de Prusse; en Angleterre, où il reçoit des lettres patentes en 1825.

En France, Messieurs, en France sa patrie, où la commission de révision avait déclaré que de tous les remèdes secrets présentés à son examen et à son jugement, aucun ne lui avait paru digne d'un véritable intérêt, si l'on n'en excepte celui de M. Mettemberg; en France, où Mettemberg, fort de cette déclaration, dont connaissance lui avait été donnée, et d'un décret impérial qui la suivit (6), avait cru pouvoir donner une publicité commerciale à son eau; en France enfin, dans cette belle France toujours si empressée à récompenser des services éminents; où, en considération d'une découverte que l'on avait jugée digne d'une récompense pécuniaire, le ministre de l'intérieur avait, dès l'an 12, autorisé Messieurs les professeurs de l'Ecole de Médecine de Paris à l'admettre au doctorat. En France... ! Je m'arrête, Messieurs, Mettemberg expirant a prononcé le mot PARDON... Pauvre METTEMBERG ! une pareille fin couronne dignement une vie qui a été toute de philanthropie, de patriotisme et de bienfaisance (7). Reçois en récompense le tribut de la douleur de ta famille, de tes amis; le tribut des regrets amers de toutes les personnes que tu as obligées (et elles sont nombreuses); le tribut des larmes que répandent, en ce moment, dans ton quartier, les malheureux pour lesquels tu étais une autre providence !

Reçois aussi le dernier adieu de ton vieil ami. Adieu, Mettemberg ! que tes cendres reposent en paix, à côté de celles de tes enfants réunies par ta main pieuse dans ce tombeau où tu viens descendre; sois heureux dans cette mystérieuse autre vie dont tu connais aujourd'hui le secret.

BOTTIN.

NOTES

(1) Expressions textuelles du certificat du chirurgien-major de l'hôpital de Schlestadt, du 29 juillet 1792.

(2) Etat de services certifié, le 27 termidor an 12, par le conseil d'administration du 62e régiment d'infanterie, ci-devant 140e demi-brigade.

(3) Rien n'était étranger au besoin d'être utile que Mettemberg éprouvait. Une épizootie désastreuse ravageait le pays. Mettemberg recherche les moyens de combattre le fléau, et il adresse, sur ce sujet, un mémoire à l'administration centrale du département.

(4) Rapport de l'inspecteur général Laribeau, imprimé par ordre du comité de salut public.

(5) Cette commission était composée de MM. Audry et Auvity, le premier, médecin, et le second, chirurgien dudit hôpital; de MM. Carret, ancien chirurgien-major du grand hôpital de Lyon; Delunel, pharmacien-chimiste, et Lancel, rapporteur, nommé par le ministère pour suivre les expériences et en rédiger procès-verbal.

(6) La commission de révision avait déclaré « 1° que la « méthode de traitement pour la gale, par M. Mettemberg. « est nouvelle, sûre et préférable à toutes celles dont on a « fait usage jusqu'à ce jour, sous le double rapport de gué- « rir les gales récentes et les gales invétérées, et de n'en- « traîner aucun accident consécutif quand on a procédé « fidèlement d'après son instruction; 2° qu'elle a l'avantage « de conserver le linge et les vêtements des malades, consi- « dération importante d'économie; 3° qu'il doit être accordé « à l'auteur une récompense sous le double rapport des « dépenses notables qu'il a faites pour constater l'efficacité « de sa méthode, et pour les services que la société et les « armées peuvent en retirer ».

A la suite de ce rapport de la commission de révision, qui est du 13 août 1812, est venu un avis du conseil d'état du 5 mars 1813, approuvé par l'empereur le 18 du même mois portant : que l'autorisation accordée au sieur Mettemberg, par décret du 6 février 1810, de préparer, annoncer et vendre publiquement la quintessence anti-psorique dont il est l'inventeur, est maintenue jusqu'à décision relative à l'acquisition du remède par le gouvernement.

(7) M. Mettemberg a été attaché, comme officier de santé, à la maison et à la garde du sénat conservateur, puis de la chambre des pairs.

Sous-lieutenant dès la formation, en 1813, puis lieutenant dans la 11e légion de la garde nationale parisienne, M. Mettemberg fut chargé, par un ordre spécial du maréchal commandant, de l'inspection sous le rapport hygiénique, des corps-de-garde de sa légion. Ses camarades n'ont pas oublié quel ordre, quelle propreté il y avait introduits, et quels soins minutieux il apportait à les y entretenir; avec quel intérêt il donnait ses soins gratuits aux tambours lorsqu'il leur arrivait d'avoir contracté la gale.

On n'a pas oublié, au théâtre de l'Odéon, les précautions généreuses qu'il avait prises, pour que l'on y eût toujours sous la main les moyens de porter les premiers secours en cas d'accidents.

Dans les derniers temps de sa vie, ce n'était plus assez pour Mettemberg de porter à domicile, chez les indigents, ses secours anti-psoriques; ne l'a-t-on pas vu, quelques mois avant sa mort, faire construire, dans une dépendance de sa maison, une piscine destinée à l'administration gratuite de ses moyens curatifs, aux malheureux qu'il invitait à venir les recevoir ?

VARIÉTÉ

ETUDE
SUR L'HISTOIRE DES TERRES VAINES DES PATURAGES ET DES FERMES DE LA COMMUNE DE SAINTE-CROIX.

On sait que, dans les temps reculés, les terres furent moins morcelées qu'aujourd'hui. Les premiers colons se sont partagé les terres plates et principalement toutes celles qui furent d'un accès facile et qui présentèrent une fertilité plus qu'ordinaire, tandis que les contrées écartées et celles qui furent plus ou moins montagneuses et stériles demeurèrent à l'indivis et furent principalement affectées à l'entretien des nombreux troupeaux des communautés avoisinantes (1). Lorsque la population devînt plus dense, c'est-à-dire vers la fin du XVIe siècle, et que, pour cette raison, les terres acquirent plus de valeur, on commença par défricher des terrains isolés pour les convertir en prés et en terres de culture, selon que la nature du sol s'y prêtait. On recherchait de préférence les vallons arrosés par un cours d'eau, les «gouttes». Après des années de sécheresse, les seigneurs consentirent presque partout au déboisement et au défrichement des bas-fonds, attendu que les forêts avaient alors une valeur relativement minime. La culture de la pomme de terre a, de son côté, puissamment contribué au défrichement des terrains montagneux.

Les fermes, dispersées sur la pente des montagnes et dans les recoins et gorges des vallons sont en partie de vieille date. Néanmoins, un document de 1585 n'en relate que quatorze sur le territoire de Sainte-Croix qui, comme il est dit, **sont érigées dès assez longtemps, les autres depuis peu de temps.**

1. Autrefois, Sainte-Croix avait ses troupeaux communaux comme toutes les communes rurales. Les bêtes à cornes, voire les porcs, furent conduits tous les matins aux pâturages respectifs. Sobache, un vallon marécageux à proximité de l'endroit doit tirer son nom de Saubach, ruisseau des porcs.

Elles sont appelées granges, car, primitivement, ces bâtisses servaient à héberger le fourrage des prés avoisinants. On ne s'y tenait que pendant une partie de l'année, tel que cela se pratique encore aujourd'hui dans plusieurs vallées des Vosges. Les terrains qui en dépendaient ayant été assez vastes pour pouvoir entretenir une famille, on s'y fixa définitivement, et l'on songea à élargir les terrains aux dépens des pâturages circonvoisins. Dans le cours des temps, ces terres furent partagées, de sorte que plusieurs habitations s'établirent là où, primitivement, il n'y eut qu'une grange.

Bon nombre de fermes doivent leur érection à des anabaptistes qui, chassés des cantons suisses, étaient venus chercher un asile dans nos montagnes où, alors, de vastes terrains étaient en friche. En 1713, une ordonnance royale les expulsa de la contrée; 72 familles, qui en majeure partie habitaient des endroits écartés et dont la principale occupation fut l'élevage du bétail, durent abandonner la vallée. Il est dit dans plusieurs actes administratifs qu'ils avaient rendu de vastes terrains à la culture. Ils allèrent s'établir plus vers le nord, dans les environs du Climont. Suivant un rapport de M. Krœber, intendant des ducs de Deux-Ponts, du 10 janvier 1716, leurs fermes auraient été occupées par des fermiers venus du val d'Orbey (1). Au moyen-âge, les terres vaines, les pâturages et les endroits écartés appartenaient aux communautés; mais ce droit de propriété (si on peut dire ainsi), était plus ou moins limité par des règlements de police émanant du gracieux seigneur qui, un peu partout, abusait de ses prérogatives au point qu'il s'ar-

---

1. La majeure partie de la population de Sainte-Croix est d'origine lorraine. Les longues guerres, la famine et la peste avaient ravagé le val à tel point qu'il ne restait presque plus d'habitants après la guerre de Trente ans. L'état-civil de la commune remonte à l'année 1712. Or, de 1712 à 1719, il y eut en moyenne 25 naissances par an, ce qui correspond à une population de 600 à 700 âmes. Les noms de famille sont tous français et lorrains. Les parrains et les marraines étaient arrivés des communes lorraines, ce qui prouve encore que la vieille population de l'endroit était d'origine lorraine. On soutient aussi qu'il y a des traces franc-comtoises dans le langage et dans les mœurs des habitants de Sainte-Croix. Les Valdajol, les Valdéjo seraient-ils arrivés du bassin de la Saône ?

rogeait la propriété de ces terres indivises, appelées en allemand « Allmend ». Ses sujets en profitaient à titre d'usagers moyennant une redevance qui, le plus souvent, était taxée selon le nombre et la qualité des bestiaux nourris sur le pâturage. Le seigneur, sans avoir égard aux besoins croissants des communautés, aliéna des portions du parcours à des particuliers moyennant une rente foncière. Naturellement les communautés s'opposèrent autant qu'elles purent à ces aliénations. Ainsi, en 1785, à la suite des réclamations réitérées de la part des sujets, défense fut faite au prince de Murbach de soustraire des parties de l'Allemend pour les céder à des particuliers sans l'assentiment des communautés. Le seigneur céda des terres à ses magistrats à titre d'hommage (1).

Plus d'une fois, ces derniers, sans aucune autorisation et à l'insu du seigneur, anticipèrent sur les terrains et les droits des communautés. Dans les archives de Ste-Croix se trouve un document relatif à ces donations datant de 1586. Voici sa teneur :

En suivant la noble intention et volonté de l'Altesse de notre souverain Seigneur (2), portée par ses lettres patentes impétrées (3) par l'honnête homme Jean Demenge Hans, doyen et constitué maire à Lièpvre et y demeurant, icelles lettres étant sous le grand scel de Son Altesse en date du second jour du mois de mai dernier mil cinq cent octante-six et adressées à honoré Seigneur Jacques de Reynette, écuyer, Seigneur de Voisey, capitaine de Spitzenberg, officier et superintendant du val de Lièpvre, aux honorables hommes Didier Saucette, tabellion, clerc juré et contrôleur du dit val, Joseph Seigneur, superintendant et contrôleur, et aux deux Jean Compta et Nicolas Houpertin, heimbourgs et gouverneurs du village de Ste-Croix au dit val représentant en... la généralité des habitants des communautés d'illecques; ensemble le dit Jean Demenge Hans, impétrant (4), tous assistés

1. Ce principe a encore été suivi après 1870, alors que l'empereur a cédé une grande partie du « Sachsenwald » au prince de Bismarck, en récompense des services rendus à l'Empire.

2. Le duc de Lorraine.

3. Impétrer = obtenir sur demande de la grâce du Seigneur.

4. Impétrant = personne qui a reçu une faveur de la part du Seigneur.

d'honnêtes hommes Nicolas de Bougemon, maire de Ste-Marie, Bastien Riotte et Colin Simon, doyen et juré du dit Ste-Croix, et Colrat Malef..., juré en la justice au dit Lièpvre, se sont transportés aujourd'hui sur les lieu, maison, grange et héritage à présent tenus et possédés en vertu des lettres patentes à titre et droit d'hommage et Bourgeoisie héréditaire de sa dite Altesse par le dit impétrant au lieu dit Bailligoutte... la grange de Vaulx. Avons fait lever et arpenter en la forme accoutumée par le dit Bastien Riotte, juré à cet effet, tous les héritages et terrains (de quelque nature qu'ils soient) qui sont en un tenant dépendant d'icelle maison et grange et au milieu desquels elle est assise et enclavée, en eu tous bien et fidèlement mesurés, comme dû, s'est trouvé monté à la quantité de dix-huit journaux (1) tant en terres arables qu'en friche. (Suivent quelques clauses concernant l'établissement d'un chemin et d'un pont en bois par l'impétrant). Moyennant toutes lesquelles choses accomplies par icelui impétrant pourra désormais et pour toujours, tant lui que ses ayant-cause, jouir pleinement, paisiblement et bénignement de la dite concession d'héritage (2), et en disposer à tous ses bons points comme de son propre patrimoine et acquêt sans empêchement ni contredits quelconques.

Aux environs, circuit et limites de tous lesquels maison, grange et héritages ont été plantées jusques à douze pierres bornes, nombre suffisant au jugement de tous pour la distinction et séparation des lieux circonvoisins, pour toutes lesquelles pierres bornes le dit Seigneur a reçu du dit impétrant pour le droit de sa dite Altesse (à raison de cinq sols pour chacune) la somme de trois francs, neuf gros, monnaie de Lorraine. Ayant toutes ces choses dessus dites été relatées par les sus-nommés d'un commun accord et consentement au tabellion souscrit, et a été par même moyen requis et demandé acte, à savoir les dits officier, contrôleur et heimbourgs et nous en papier et par le dit impétrant en parchemin sous le scel du tabellionage au val de Lièpvre qui leur a été octroyé, sauf le droit de sa dite Altesse et d'autrui.

Ce dix-neuvième jour du mois de juin mil cinq cent octante-six.

Signé : **DE VAULX.**

---

1. Un journal ou une fauchée contenait environ 20 ares.
2. L'héritage est la propriété d'aujourd'hui.

Ainsi, les préposés de la communauté de Ste-Croix consentirent à l'aliénation de Bailligoutte en faveur du maire de Lièpvre, mais ce ne fut qu'à la suite d'une ordonnance du duc de Lorraine. L'année précédente, en 1585, la communauté ne voulant plus souffrir l'augmentation des bestiaux dans les différentes granges et la spoliation progressive du parcours, avait adressé cette requête à Son Altesse (1) :

1585.

A notre souverain Seigneur.

Très humblement sont contraints à recourir à Votre Altesse les très obéissants sujets d'icelle Jean Compta et Nicolas Houpertin, heimbourgs ou gouverneurs du village de Ste-Croix au val de Lièpvre, au nom de la communauté d'icelle, combien que, dès longtemps, ils ont eu occasion légitime de se plaindre de la trop grande quantité de bétail qui se nourrit sur leur ban et s'entretient ez-granges y érigées et possédées par plusieurs particuliers qui s'y sont introduits de leur propre hardiesse, plusieurs sans donner aucune reconnaissance à Votre Altesse et sans avoir obtenu permission d'ériger icelles granges, moins encore d'y nourrir, entretenir et loger du bétail. Ces granges avaient été bât[illegible] par quelques pauvres gens qui n'avaient moyen d'y t[illegible] grand nombre de bétail. On espérait que par succession des temps, ces terres seraient délaissées vagues et abandonnées, mais comme ils voient présentement à leur très grand et extrême regret que, non seulement ils sont frustrés de leur espérance ainsi que les pauvres gens, premiers érecteurs des dites granges qui ont, par nécessité, vendu icelles aux plus riches qui, y ayant mis les pieds, y ont soudain logé nombre de bétail à leur volonté, et si grand qu'ils rongent non seulement le pâturage du dit ban de Ste-Croix au grand intérêt des habitants du village, mais encore labourent le reste de la communauté qu'ils trouvent propre au labourage et, par anticipation, comme dit est, possèdent toutes les contrées bonnes à labourer et tous les vallons fertiles pour entretenir et pâturer le bétail.

Dans leurs audacieuses occupations, plusieurs ne reconnaissent V. A. pour l'érection des granges. Les habitants avaient commis quelque vingt d'entre eux pour aller faire revue des dites granges érigées sur le dit ban de Ste-

1. Archives départementales; intendance de Lorraine.

Croix étant en nombre de quatorze, en partie érigées dès assez longtemps, les autres depuis peu de temps; eux qui, satisfaisant à leur charge, auraient trouvé et remarqué en icelles plus ou proche de quatre cents bêtes à cornes, tant vaches traïantes, sauf toute révérence, qu'autres bestiaux, ce qui est une quantité excessive entretenue aux dépens du village qui, par l'occupation des terres communes et pâturages de leur ban, sont réduits à pauvreté extrême, vu qu'ils n'ont autre moyen de vivre que par la nourriture de quelque bétail et labourage de la terre de leur communauté, et, néanmoins, sont ceux qui vous payent traites, rançons et subsides là où aucun des possesseurs des dites granges ne reconnaissent V. A. de redevance quelconque, au moyen de quoi et pour remédier au mal, les dits habitants auraient, sous le bon plaisir et ratification de V. A., réduit la quantité de bétail des granges qui pour leur érection vous payent redevance et ne portent si grand intérêt (1) à la communauté, et arrêté que celles qui sont trop préjudiciables n'y nourriraient bétail, mais qu'ils en jouiraient pour y loger les herbes de quelques prés qu'ils ont joindant, et de tout ce donné charge aux dits heimbourgs d'en faire remontrance très-humble à V. A et supplier avoir pour agréable et de votre puissance princière, confirmer et homologuer le règlement pour donner moyen à vos sujets de pouvoir demeurer au dit village de Ste-Croix et vous demeurer obéissants comme jusqu'ici ils ont été et continueront avec l'aide de Dieu; à savoir

1. Qu'en la ferme tenue par Bastien des Roses au lieu dit la Bouïlle, le dit Bastien y tiendra douze bêtes à cornes, six vaches traïantes et les autres telles qu'il voudra.
2. En la grange située au même lieu, possédée par Didier Saucette (2), clerc juré du val, dix-huit bêtes à cornes, douze vaches traïantes, les autres telles qu'il voudra.
3. En la grange dite la grange du Fresne, possédée par Valentin Kaufman, ex-procureur (3), le dit Valentin pourra y tenir telle quantité de bétail que V. A. lui

---

1. Intérêt = dommage.
2. Ce personnage est cité dans le document de 1586 en qualité de tabellion, clerc juré et contrôleur du val.
3. Ce Kaufman doit avoir érigé la grange de Bailligoutte sans autorisation.

a permis au contenu des lettres de permission qu'il possède.

4. En la grange Mathis Litaise six bêtes, quatre vaches traïantes, les autres telles qu'il voudra.
5. En la grange Demenge Litaise dix bêtes, six vaches traïantes, deux bœufs et les autres telles qu'il voudra.
6. En la grange des héritiers du vieux Grand Goëry (1) Maigrat douze vaches traïantes et leur charrue pour les habitants.
7. En la grange de Gramont dix bêtes, six vaches traïantes et les autres telles qu'il voudra.
8. En la grange possédée par Colas Colin Vuillaume (2) douze bêtes telles qu'il voudra.
9. En la grange de Jobelmont (3) possédée par les héritiers de feu Nicolas, avoué de Reynette, douze bêtes, six vaches traïantes, les autres à la commodité du tenancier.
10. En la grange de Jean le Revendeur, le dit Jean ne pourra tenir autre bétail que pour sa charrue.
11. En la grange Demenge Daizerailles, le dit Demenge ne pourra tenir quantité de bétail plus haut que du passé.
12. Quant à la grange de Bailligoutte, possédée par Jean Demenge Hanus de Lièpvre, érigée sans permission par Valentin Kaufman et qui ne paye aucune redevance, en icelle le dit Jean ne pourra tenir aucun bétail pour la situation du bien qui est trop proche et qui porte trop grand intérêt au village de Ste-Croix, si dont il n'obtient permission de V. A.

Qu'au fait pareil les possesseurs des granges de Ste-Barbe et de la Herschaft ne pourront tenir en icelles aucunes bêtes, tant pour la considération qu'elles sont érigées sans permission, aussi qu'elles portent trop grand intérêt à la communauté; lesquelles réductions les dits habitants ont été par nécessité, contraints de faire par les occasions portées ci-devant non pas présomption qui les y induit, mais à l'intention seulement de (sous votre bon plaisir) donner règlement, ordre et police à leur commu-

---

1. Goëry, un nom assez commun dans les vieux documents. St. Goëry était le patron d'Epinal.
2. Il paraît qu'il était usage en Lorraine que le fils ajoutait à son nom celui du père.
3. Jobelmont = Jaboumont.

nauté laquelle ils voient occupée, rongée et usurpée par quelques particuliers ayant moyen de tenir grand nombre de bétail et qui, par icelui, s'enrichissent là où les habitants du village vivant du labeur de leurs mains, travaillant jour et nuit à grande peine ne peuvent subvenir à l'entretènement et nourriture de leurs femmes et enfants et payer les redevances annuelles au domaine de V. A., et la plupart desquels, sans la dite police, sont contraints d'abandonner le village. Au moyen de toutes lesquelles considérations, les dits heimbourgs au nom des dits habitants supplient V. A. très humblement qu'usant de votre bonté naturelle, clémence et bénignité accoutumées, préférant la conservation d'un village entier à l'ambition et convoitise des dits particuliers, il vous plaise avoir la dite réduction et règlement pour agréable et par puissance princière et souveraine confirmer et ratifier icelle.

Quoi faisant, V. A. fera action juste, équitable et digne de votre bonté, et les dits habitants, ensemble toute leur postérité, continueront de prier jamais Dieu pour la conservation et très noble prospérité de Votre Altesse. Signatures.

Nous renvoyons la présente requête à nos très chers et féaulx conseillers, président et gens des comptes de Lorraine auxquels mandons entendre son contenu, ouïr sur icelle notre surintendant du val de Lièpvre et de tout nous dresser ample rapport par écrit avec leur avis.

Expédié à Nancy le 20 jour d'Août 1585.

Signé **CHARLES**,

et pour le secrétaire C. **PARISET** avec parafe.

Les gens des comptes de Lorraine renvoient la requête ci-devant à Jacques de Reynette, capitaine de Spitzenberg et surintendant du val de Lièpvre auquel mandent et ordonnent entendre le contenu en icelle et du tout dresser bien ample, distinct et fidèle rapport par écrit.

Fait à la chambre des comptes à Nancy, le 5e jour de Septembre 1585.

Vu derechef en conseil la requête si-attachée sous notre sceau secret, à nous présentée de la part de nos chers et bien-aimés les himbules (1) et gouverneurs du village de Ste-Croix au val de Lièpvre, ensemble le rapport par écrit de nos chers et féaulx conseillers, les président et gens des

---

1. Hymbules = symbule = heimbourgs ou gouverneurs étaient les préposés de la communauté.

comptes de Lorraine suivant notre décret du 29 août dernier, en conformité duquel ils ont ouï et se sont enquis de notre superintendant au dit val, et le tout entendu et considéré.

Nous, désirant favorablement traiter les habitants au dit village de Ste-Croix, et leur donner moyen de vivre et s'entretenir sous notre obéissance, avons par mûre délibération, de notre certaine science et autorité plénière, loué, agréé, confirmé, approuvé, ratifié — louons, agréons, approuvons, confirmons et ratifions par cette le règlement mentionné, dites requêtes et rapports; excepté en ce qui concerne la grange de Jean Demenge Hanus, doyen de Lièpvre, laquelle voulons lui demeurer, ensemble les terres qui en dépendent avec permission de pouvoir tenir en icelle jusqu'à douze vaches et quatre bœufs pour sa charrue en nous payant deux francs de reconnaissance par chacun en suivant les lettres d'octroi et permission qui ce jourd'hui lui en avons fait expédier sous notre grand sceau; au moyen de quoi mandons et ordonnons aux superintendant, gruyer, contrôleur, maïeur (1) et officiers du dit val présents et à venir et à tous autres, comme à chacun d'eux appartiendra, que de cette notre confirmation et ratification ils fassent souffrent et laissent les dits habitants et leurs successeurs résidant à Ste-Croix jouir et user pleinement et paisiblement, sans leur faire, mettre ni donner, ou souffrir qu'il leur soit mis au baillé, trouble, destourbier (2) ou empêchement au contraire. Car ainsi nous plait. Expédié à Nancy le 2 mai 1586.

Signatures.

Le document qui se trouve à la mairie de Ste-Croix explique et complète cet acte.

Ainsi, on alla construire des baraques sur le communal pour pouvoir profiter amplement des pâturages circonvoisins. Des gens riches, qui jouirent d'une certaine autorité, s'emparèrent de ces bâtisses ou en firent construire d'autres, y tinrent de grands troupeaux et profitèrent exclusivement des terrains avoisinants moyennant une redevance payée au seigneur. Ces terrains furent abornés et distingués de ceux qui restèrent à la communauté, comme on l'a vu pour Bailligoutte.

---

1. Le maïeur, en allemand Meyer était le chef de police de la communauté.
2. Destourbiers, vieux français, veut dire vexation.

La concession passa de père en fils, le retrait ne pouvant s'effectuer que sous les conditions énumérées dans l'acte d'amodiation. Ces actes portent généralement que le sens devait demeurer fixe et invariable, le Seigneur voulant sans doute prévenir les déductions à la suite d'une mauvaise récolte ou des accidents imprévus. Cette clause tourna au profit du tenancier, car l'argent, en devenant de plus en plus commun, déprécia à tel point que la rente, après deux siècles, devint une futilité. On sait que les rentes, tant qu'elles résultèrent du principe féodal, disparurent lors de la grande révolution; les autres échurent, soit à la commune, soit à la nation, selon qu'elles reposèrent sur des terres déclarées communales ou nationales (1). Grâce aux encouragements du gouvernement, ces rentes ont été rachetées depuis moyennant vingt fois leur montant. Par le rachat de la rente foncière, le censitaire devint propriétaire des terres, qui, autrefois, avaient appartenu à la communauté.

Malgré les aliénations successives pendant des siècles, d'abord de la part du Seigneur, puis de celle de l'administration communale, la commune possédait encore, avant 1815, une grande partie des terrains situés sur le flanc des montagnes. Alors que les troupeaux communaux n'existaient plus, ces terres étaient partagées en lots aux bourgeois de la commune; mais il est remarqué en plusieurs actes administratifs que certains bourgeois avaient anticipé sur ces lots, d'où résultèrent des difficultés de toutes sortes, ce qui détermina l'administration à les vendre. Le rendement doit avoir été affecté à couvrir les dépenses occasionnées par l'occupation des alliés.

EHRET.

---

1. Les terres vaines, les pâturages et les prés avaient été considérés comme bien usurpés de la part du ci-devant seigneur, attendu que celui-ci n'en possédait aucun titre d'acquisition ou de propriété, et que les habitants des villages voisins en avaient de tout temps profité. Les rentes foncières sises sur les fermes ont donc dû échoir à la commune.

Pour copies conformes.

Ste-Croix-aux-Mines, le 3 juillet 1927.

J.-Bte MARCHAL, maire. [illegible] **LANGE**, 1er adjoint.
Jacques MULLER, 2me adjoint.

www.ingramcontent.com/pod-product-compliance
Ingram Content Group UK Ltd.
Pitfield, Milton Keynes, MK11 3LW, UK
UKHW020950180726
13838UKWH00003B/1229